Mike Markart
VENEZIANISCHE SPAZIERGÄNGE
Erzählungen

www.editionkeiper.at

© edition keiper, Graz 2023
1. Auflage Februar 2023
literatur nr. 141
Cover, Layout und Satz: Tom Markart, Rudi Tischler
Coverfoto: Mike Markart
Fotos: Mike Markart, Heide Mlekuz S. 21, Tom Markart S. 83
Autorenfoto: Heide Mlekuz
Druck: Finidr
ISBN 978-3-903322-85-1

# INHALT
**Passeggiate 1 – 27**

1. Piazza San Marco. .................................................................. 5
2. Campo San Giacometto di Rialto. Der Bucklige. Wintergewitter. ......................................................................... 9
3. Alta Marea. Die Langsamkeit. Der Zauber der Fische. ............ 13
4. Arsenale. ................................................................................ 17
5. Carnevale. .............................................................................. 23
6. Zattere. Gondelwerft. Die Pferde aus Metall. ......................... 27
7. Giardini Pubblici. Pavillons. Die Via Garibaldi und mit Schatten gefüllte Gläser. ........................................................ 33
8. Ospedale Civile und der Blick auf die Friedhofsinsel San Michele. .......................................................................... 38
9. Fondamente: Misericordia. Ormesini. Mein besonderes Talent für Regen. .................................................................... 43
10. Ponte Storto. Die Vergeblichkeit des Augenblicks. ................ 49
11. Campo di Santa Margherita. .................................................. 55
12. Giudecca. Spinalonga. Zuèca. ................................................ 61
13. Der schiefe Turm von Santo Stefano. ..................................... 67
14. San Michele. .......................................................................... 73
15. Campiello del Sol. Die Überlebenden. ................................... 79
16. Stadio Pierluigi Penzo. Ins Geträumte. Ins Erinnerte. ............. 85
17. Die erinnerten Wesen der Isola della Madonna del Monte. ..... 91
18. Punta della Dogana. Dogana da Mar. ..................................... 97
19. Die Vaporetti. ......................................................................... 101
20. Rio Terà dei Assassini. Die verdunkelten Menschen, ihre Sandinstrumente und die fast unhörbare Musik. ............ 108
21. Epifania del Signore und die süßen Kohlestücke der elterlichen Rache. .................................................................. 112
22. Pellestrina. Die Weltreise in den Süden Venedigs. .................. 117
23. Alles kann geschehen, wenn es niemanden gibt, der daran zweifelt. ....................................................................... 123
24. Der Eigensinn der Türme. ...................................................... 129
25. Der in den Wasserläufen gespiegelte Ort. ............................... 135
26. Die bunten Schuhe von Burano. ............................................. 141
27. Der übergeordnete Plan. ......................................................... 147

Passeggiata 1:
# PIAZZA SAN MARCO.

Ich bin wahrscheinlich mehr als ein halbes Jahr nicht über den Markusplatz gegangen. Es hat sich nicht ergeben. Denn die Piazza San Marco kommt im alltäglichen Leben Venedigs, dem Leben jener, die hier wohnen, einfach nicht vor.

Ganz im Gegenteil, man versucht, sie zu umgehen, wenn es nur irgendwie möglich ist.

Die vielen Millionen Menschen, die jährlich auf diese einzigartige Piazza kommen, diese atemberaubende Architektur bestaunen, haben mit ihren Blicken und ihren Fotoapparaten das Eigentliche längst eingefangen und fortgetragen. Staubpartikel hinaus in die ganze Welt, die natürlich niemals ein Ganzes ergeben werden, ein Gefühl dafür vermitteln, wie es einmal war.

Die Piazza San Marco gibt es also nicht mehr.

Nur mehr dieses Trugbild.

Als ich heute seit langem wieder einmal über die Piazza gehe, um bei Massimiliano im El Rèfolo in der Via Garibaldi ein Glas Wein zu trinken, bin ich ohne Erwartung. Ich betrete den Platz durch die Torre dell'Orologio, und obwohl es trüb und kühl ist an diesem letzten Sonntag im Jänner, die Stadt sich in diesen Tagen merklich sammelt für die Tragödie, welche der sich unaufhaltsam nähernde Carnevale für sie ist, bestätigt die Piazza San Marco genau das, woran ich mich erinnere: Menschen wie Schablonen.

Erstarrt vor einem gemalten Hintergrund.

Und Kameras.

Blitzlichter.

Wie Gewitter.

Wie ein endgültiges Unwetter.

Ich gehe zügig direkt in Richtung Piazzetta, welche zwischen dem Palazzo Ducale und der Biblioteca Marciana liegt, zum Wasser, an die Lagune, gelange also Augenblicke später zu den beiden Säulen mit Marco und Todaro.

Der Wind treibt seine Flotte kräftig in Richtung San Marco.

Gegen die Stadt.

Ich ziehe meinen Mantelkragen hoch, um mich dagegen zu schützen. Die kühle Luft fängt sich augenblicklich im Stoff, ich verschränke meine Arme über der Brust und hole damit die Segel ein, hebe die Schultern, neige mich nach vorne und stelle dadurch meinen Kopf wie zur Abwehr in den Wind.

Nachdem Massimiliano mein Glas zum zweiten Mal gefüllt hat, gehen verrückte Gedanken durch meinen Kopf. Und beim dritten Glas werden meine Gedanken nicht wie üblich klarer, sondern werden immer verrückter.

Ich denke, kann es nicht sein, dass die Piazza sich diese Touristen, die immer dieselben zu sein scheinen, denn sie sind nicht voneinander zu unterscheiden, als Gefangene hält?

Als Bewohner in ihrem privaten Menschenzoo?

Dass die Piazza nicht Opfer ist, wie ich immer voll Mitleid über sie gedacht habe, sondern Täter.

Rücksichtslos und gefährlich!

Sei pazzo!, sagt Massimiliano zu mir, nachdem ich meine Gedanken mit ihm getauscht habe gegen ein weiteres Glas.

Wahrscheinlich hat er recht.

Viele Stunden vergehen, während ich trinke und denke.

Massimiliano hat Geduld mit mir.

Wie immer.

Dann mache ich mich auf, um mit ganz leichten Schritten noch einmal in Richtung Piazza zu gehen.

Als ich dem müden Massimiliano ein letztes Mal zuwinke und er seine Grußworte wenig später in meinen Rücken hineinruft, weiß ich, dass ich auf meinem Heimweg unbedingt an der Porta della Carta vorbei möchte, angefüllt mit meinen Gedanken in der Hoffnung, der Wind würde sie genau an jener Stelle aus meinen übervollen Manteltaschen holen und weit in die Porta hineinwerfen.

Mit leichter, aber ebenso bestimmter Hand.

Vielleicht würden sie später zu mir zurückkehren, wie die bauchigen Netze der Fischer zurück in die Boote gezogen werden.

Ich werde die Piazza in wenigen Minuten erreichen, denke ich, denn ich habe alle Segel gehisst und ich fliege beinahe die Riva degli Schiavoni entlang.

So leicht fühle ich mich.

Die Lagune glitzert und winkt.

Sie verabschiedet den letzten Gehenden, Fliegenden des zu seinem Ende gekommenen Tages, aber sie begrüßt wohl auch den ersten, dessen Schritte bereits in den neuen, unbeschriebenen Tag hineingehen.

Fast lautlos.

Ich hole rechtzeitig die Segel ein, bevor ich die Piazza erreiche, damit ich nicht über sie hinwegfliege und sie übersehe.

Erwartungsgemäß hat sie jetzt die vielen Menschen ausgeatmet, und sie liegt erschöpft und leer.

Ich gehe nun auf einer der Steinbänke vor Anker.

Mein Flug ist zu Ende.

Ich atme die stillstehende Luft der Piazza in mich hinein und lese in jenen schweren Gedanken, welche der Platz träge von einem Ende zum anderen und wieder zurück gehen lässt.

Wohl Nacht für Nacht.

Meine Leichtigkeit ist jetzt dahin.

Man hat sie beendet für wenige Stunden, denke ich in diesem Moment zwischen Nacht und Tag, um sie schon bald als für die über sie herfallenden Menschenmassen hergestelltes Hologramm erneut in Betrieb zu nehmen.

Passeggiata 2:
## CAMPO SAN GIACOMETTO DI RIALTO. DER BUCKLIGE. WINTERGEWITTER.

Der Winter ist noch nicht bereit, weiter in den Norden hinauf zu fahren. Einen Zug zu nehmen, der davor aus weit aufgesperrten Mäulern Hundertschaften von Menschen in den Ort hinaus entlassen hat.

Schon den ganzen Tag zieht eine kühle, jedoch nicht allzu starke Brise vom Meer herein.

Ich habe mich jetzt gegen Abend auf den Weg gemacht, um ein Glas Alici zu kaufen. Es ist mir unmöglich, meine Gedanken an diesen herrlich zarten, wunderbar würzigen, nach Meer und einer langen Reise schmeckenden Fischchen vorbeizubringen, wenn ich zu kochen beginne und der erste Tropfen Wein aus dem Glas in mich hineinspringt in einem Augenblick beiderseitiger Freude.

Die Osterien, Trattorien der venezianischen Hinterzimmer atmen bereits aus angelehnten Küchenfenstern eine Geruchspartitur aus, welche allabendlich als kulinarisches Konzert zu riechen ist.

Bigoli co' l'anera,
Risi cola castradina,
Folpetti alla vecchia maniera,

Baccalà lesso und Pollo al Raboso spielen ein dunkles, dichtes, einnehmendes Stück.

Bald bin ich in der Ruga Vecchia San Giovanni, gelange ein paar Atemzüge weiter auf den Campo San Giacometto di Rialto.

Ich muss hinüber nach Castello, um die Fischchen zu kaufen. Dort hole ich sie in einem kleinen Laden.

Venedig ist klein genug, um sich solche Gewohnheiten erlauben zu können, ohne unvernünftig großen Aufwand betreiben zu müssen, der einem als undefinierbarer Eigensinn ausgelegt wird.

Dennoch verweile ich wie immer eine Zeitlang neben dem Gobbo, dem Buckligen von Rialto. Der steht an einem Ende des Campo San Giacometto, im Schatten der Vorbeieilenden in sich selbst versunken.

Die Fremden bemerken ihn nicht, denn ihnen gegenüber ist er schweigsam. Verliert in ihren Rücken hinein kein Wort.

Und er ist fast unsichtbar.

Ich jedoch bleibe beim Buckligen stehen.

Ich kenne keine Eile, seit ich hier lebe.

Wozu auch. Vom Maul bis zum Schwanzende des Fisches benötige ich knapp weniger als eine Stunde. Die Kleinheit des Ortes lässt sich einfach in Langsamkeit umrechnen.

Und ich weiß, dass ich genau an diesem Punkt aus der bewegten Luft geheimnisvolle Geschichten über die Stadt, die der Bucklige aus ihr herauslesen kann, erfahre.

Geschichten, welche man in keinen Büchern findet.

Die einem keiner schon vorher erzählt hat. Zum tausendsten Mal.

Die nur der Bucklige kennt, der sich auf dem Campo San Giacometto di Rialto von den Strömungen, die vom offenen Meer hereinziehen, ernährt, der sich austauscht mit ihm.

Hier erfahre ich dann alles.

Der Bucklige, der Gobbo, hat mir heute schon am Vormittag ein paar ungewöhnliche Andeutungen gemacht, als ich hinauf musste nach Cannaregio. Über die Liebenden, die Unglücklichen, die für immer zerbrochen sind, mit den heute entsprechend kühlen, ihm zur Verfügung stehenden Wörtern, die nach der Lagune riechen.

Jene von der Liebe unglücklich Zurückgelassenen, hat er gesagt, die in der Lagune nach Erlösung gesucht haben, nach einer endgültigen Welt, gehen am 19. Juni als Hauch am Wasser entlang, oben, am Rücken des Fisches. Dort erhoffen sie, ihr brennendes Inneres zu löschen, wie die Fracht eines Schiffes.

Man kann sie flüstern hören, hat der Bucklige zu mir gesagt, denn sie sind Verbündete des Windes.

Des Temporären.

Des Vorbeiziehenden.

Des Vergehenden und Wiederkehrenden.

Der Ahnung von Wirklichkeit.

Auch jetzt lässt er mich nicht einfach weitergehen. Am Canal Grande, wo die grell erleuchteten Restaurants ihre Netze auslegen, um Reisende zu fangen, sitzt die Erinnerung an jene Mädchen, die nach den Begräbnissen ihre

Zehenspitzen ins Wasser tauchten und bunte Perlen auf Schnüre fädelten.

Diese erinnerten Mädchen, sagt der Bucklige, wurden mit jeder bunten Glaskugel um gerade das Gewicht dieser Glaskugel unglücklicher. Um endlich gegen Abend weinend nach Hause zu gehen.

In Gedanken versunken eile ich über die Brücke hinüber nach Castello und schon nach wenigen Minuten bin ich abermals am Campo San Giacometto di Rialto, denn ich laufe, weil das Wetter nicht halten wird. Ein Donnergrollen empfängt mich und schon im selben Augenblick kommt der Regen.

Passeggiata 3:
## ALTA MAREA. DIE LANGSAMKEIT.
## DER ZAUBER DER FISCHE.

Endlich wieder eine großartige Acqua Alta.
Die macht die Wege weit.
Und sie schreibt den Stadtplan vollkommen neu.

In den vergangenen Tagen – es ist Mitte November – bin ich fast jeden Morgen von jenem schrillen Pfeifton geweckt worden, der einen Wasserstand von einem Meter und zehn über Normal verkündet.

Man gewöhnt sich an viele Dinge, deshalb will ich mich auch heute nach dem Pfeifton noch einmal ins Kissen wühlen, die Decke und die darin noch munteren Träume hochziehen bis über die Ohren.

Doch im Augenblick dieser Idee, die vielmehr ein Reflex ist, eine angelernte Wintereigenschaft, geht der Ton in den höheren Ton über, dann in den nächsthöheren, um schließlich den vierten, den höchstmöglichen Ton zu spielen, der eine Acqua Alta von zumindest einem Meter vierzig über Normal verspricht.

Ich glaube, dass ich weniger als zwanzig Atemzüge benötigt habe, um aus dem Bett zu springen, mich anzuziehen und in leichten Schuhen die Tür hinter mir ins

Schloss schnappen zu lassen. Sogar in den leichtesten Schuhen, die ich besitze, ich will ja nicht rücksichtslos in die Acqua Alta hinein, durch sie hindurch, so als wäre sie nicht vorhanden.

So funktioniere ich nicht.

Ich will sie lesen, respektieren.

Und meinen Weg finden in der neuen Stadt.

Endlich wieder eine Alta Marea, welche mittels lautem und aufgebrachtem Scirocco nicht nur reichlich Wasser aus der Lagune in die Gassen schickt, sondern mir auch dichten Regen, durchwoben von einzelnen Schneeflocken – einem seidenen Vorhang nicht unähnlich – ins Haar und ins Gesicht wirft.

Herrlich.

An solchen Tagen bringt mich keiner in die Wohnung zurück. Ich muss gehen und gehen. Mich dem Wasser annähern, es fühlen, riechen, umrunden.

Sonst gehe ich nicht auf die Piazza San Marco, aber bei Acqua Alta zieht es mich auch dorthin. Sechzig Zentimeter Hochwasser bei einhundertvierzig Zentimeter über Normal.

Großartig.

Ein Kosmos, welchen ich stundenlang staunend betrachten kann.

Die Langsamkeit und das veränderte verfügbare Stadtbild sind das eine.

Aber ich gehe auch deshalb nicht in die Acqua Alta hinein, weil sie nun den vorübergehend ein Stockwerk höher angesiedelten Bewohnern, den Fischen, gehört.

Diese kommen herauf aus ihrem Eigentlichen und sind in dieser Zeit nicht nur gleichberechtige Bewohner Venedigs. Vielmehr sind sie bevorzugt, schließlich ist es ihr Element, das ihnen Eintritt verschafft in das sonst Unmögliche.

Ins Ferne.

Die „Latterini", im Venezianischen heißen sie auch „Anguee", sind nur die Idee eines Fischchens, so klein sind sie, ein flüchtiges und flinkes Funkeln, wie ein Lichtreflex, welcher die Möglichkeit, nichts als eine Täuschung zu sein, gar nicht zu widerlegen imstande ist.

Diese winzig kleinen Fische sind nicht nur klein und geschickt genug, um in Mauerritzen zu gelangen, es heißt, dass einige wenige von ihnen dort auch bleiben, von einer Acqua Alta zur nächsten. Selbst wenn Monate dazwischen liegen oder die Hitze eines Sommers.

Natürlich, das ist nur eine Geschichte. Aber warum sollte ich ihr keinen Glauben schenken? Schließlich erfreue ich mich an der Vorstellung.

Um in die Ritzen der Häuser zu kommen, sind die „Cefali" viel zu groß. "Siègoi" nennen die Venezianer sie. Oder „Bòsega". „Volpina". „Verzelata". „Caustèo" und „Lotregàn" sind weitere Namen für den Fisch. Der zurückhaltende Übermut, welcher die Meeräschen vor allem im Sommer gelegentlich an die Wasseroberfläche schickt, fehlt ihnen während der Zeit des Hochwassers. Dann sind sie Jäger und ihr Revier ist die überflutete Piazza San Marco. Immer wieder gibt es Verrückte, die ins Wasser eintauchen, um aberwitzige Fotografien von sich machen zu lassen. Die tun, als wären sie gestolpert und das Wasser stünde ihnen bis zum Hals. Es heißt, dass viele plötzlich, wie vom Schlag getroffen, gänzlich untergetaucht, nie mehr zum Vorschein gekommen und Opfer der „Siègoi" geworden sind.

Natürlich, das ist auch nur eine Geschichte. Aber ich werde mich hüten zu denken, sie wäre nicht wahr.

Die „Ghiozzi", die Grundeln, sind zahlreich, aber scheu, sie kommen selten an die Wasseroberfläche.

Il „Gò", wie die größere Art von den Venezianern genannt wird, hat Zauberkräfte. Erzählt man sich.

Schon allein deshalb versuchen jene, die davon Kenntnis haben, welche eingeweiht sind in dieses Geheimnis, eine Ahnung des Fisches, ein flüchtiges Schimmern zu fangen und an die eigene Erinnerung zu heften, während das trübe Wasser die Mauern hochsteigt und sein Rhythmus, seine Ordnung sich verändert. Sie verzaubern einen, sagt man. Hat man jemals eine gesehen, zieht man einen schützenden Mantel über sich, den man niemals mehr ablegt.

Passeggiata 4:
## ARSENALE.

So spät im Jahr, gegen Anfang Dezember, kriecht das Wasser der Lagune fast täglich in den Ort herein, der Nebel geht ganz dicht an die Fenster heran, wie ein neugieriger Nachbar.

Vollkommen geräuschlos, aber er verstellt mir den Blick nach draußen. Tritt oft tagelang einfach nicht zur Seite.

In dieser Zeit muss ich jedoch ohnehin täglich hinunter auf die Gasse, in den Ort, von dem nur eine Ahnung geblieben ist. Ein Hauch von Bild, in dem ich nicht viel erkennen kann. Nur die Lichter, die in dieser Zeit niemals verlöschen. Aber ich kann die Stadt zumindest hören und riechen.

Die Schritte, die Motoren der Boote. Die marinierten Sardinen. Aus halb offenen Türen das frische, weiße Brot.

Das ist ein Abenteuer für mich und ein aufregendes Gefühl, das ich nie als selbstverständlich ablege im Ordner meines Alltags.

Jeder Ort hat seinen speziellen Geruch, seine eigene Melodie.

Und ganz besonders trifft das auf Venedig zu.

Ich muss in dieser Zeit also täglich hinaus in jenes geheimnisvolle Venedig, das den dichten Nebel vor sich gezogen hat wie einen Vorhang.

Wie einen Schleier.

Ich muss hinaus, um ein Ereignis auf keinen Fall zu versäumen.

Ich muss hinauf zum Arsenale.

Ich quere bald die Via Garibaldi und gehe hinein in die Calle del Forno, ein Gässchen, welches so schmal ist, dass ich die feuchten Hausmauern berühren kann, wenn ich meine Arme in beide Richtungen ausstrecke. Ich gelange nach nur wenigen Augenblicken auf die Fondamenta Rio della Tana und über die Brücke auf den Campo della Tana, der schon bald hineinführt in die Fondamenta Arsenale, welche am Wasser des Rio dell'Arsenale entlanggeht. In die eine Richtung hinaus zur Lagune, in die andere Richtung zum Ponte Arsenale.

Weiter gehe ich nicht.

Nur bis zur Brücke.

In dieser Zeit des ausklingenden Jahres erwacht das Arsenale zum Leben.

Für höchstens einen Tag.

Und wenn man Glück hat, genau dann in der Nähe zu sein, erlebt man ein Schauspiel, das man niemals mehr vergisst. Dessen Klang man nicht mehr aus seinem Kopf bringt.

Ich gehe am Wasser entlang, eiliger nun, denn ich kann bereits hören, dass sich die Schiffe nähern.

Bald stehe ich auf der Brücke vor dem Wassertor, vor

dem Ingresso all'Acqua, das von zwei Türmen flankiert wird, und jetzt vibriere ich und die Brücke, die mich trägt, vibriert ebenfalls, denn die Schiffe fahren geräuschvoll ein.

Die Schiffe von damals, die nicht einmal mehr in der Erinnerung existieren. Von wem sollte diese Erinnerung auch stammen, in wessen Kopf sollte sie leben?

Und diese Schiffe kehren gegen Ende des Jahres für kurze Zeit in die Werft zurück.

Welche Fracht haben die Schiffe geladen?

Was hat sich in ihren Netzen und im Stoff ihrer Segel verfangen, das Jahr über?

Was tragen sie in ihren prall gefüllten Bäuchen herein?

Auf der Brücke stehend, in den Vorhang des Nebels starrend, höre ich, dass die von der salzhaltigen Luft und der langen Zeit müde gewordenen Tore, die in die Seilhallen und in die Kalfateranlagen hineinführen, lärmend aufgezogen werden.

Und ein Teil der Mannschaften strömt hinein.

Ungeduldig.

Zieht kurze Zeit später die Tore hinter sich zu.

Erneut ohrenbetäubend.

Sofort füllt sich das Innere der Hallen mit Klang.

Die anderen entladen die Schiffe. Löschen die Fracht.

Die vielfältigen Gerüche breiten sich in den Ort hinein aus. Kriechen in die Gassen, hinaus auf Plätze und von dort wieder in die Gassen zurück und in die Häuser. Falten sich in diesen auseinander zu einem unverwechselbaren Ganzen.

Ich stehe auf dem Ponte Arsenale und atme ruhig.

Habe meine Augen geschlossen und genieße entspannt.

Ich kenne das Schauspiel schließlich. Mit dieser Erwartung, die sich gerade erfüllt, bin ich hierhergekommen.

Die Menschen gehen staunend an mir vorbei über die Brücke, schreiben das, was hier passiert, der grundsätzlichen Faszination des Ortes zu.

So vergehen die Stunden. Das Weiß zieht aus dem Nebelvorhang ab und es wird Abend.

Nun verändert sich das Klangbild, die Mannschaft zieht in die Marinaressa, die Unterkunft der Arbeiter, weiter.

Aber auch die Palazzetti Paradiso, Purgatorio und Inferno bevölkern sich für diesen einen Abend.

Die Geräusche, die Gerüche, die das Arsenale jetzt ausatmet, erzählen von einem Fest. Erzählen von müden, aber zufriedenen Menschen.

Irgendwann in der Nacht werden die Segel aufgezogen und dann geht es schnell. Die Schiffe verlassen die Werft.

Ich höre ihnen zu, wie sie in die Lagune hinausfahren, und erst, wenn es minutenlang vollkommen still gewesen ist, mache ich mich auf den Heimweg.

Zuerst am Wasser entlang und dann hinein in die Gassen.

Venedig hat sich erneuert. Der Ort ist aufgeladen mit der ihm eigenen, geheimnisvollen Energie. Um ein weiteres Jahr als jene unvernünftige, jedoch wundervolle Idee des Menschen zu funktionieren.

Passeggiata 5:
## CARNEVALE.

Die Fischer stellen sich ans Wasser und gehen daran, die Trübnis und die Langsamkeit des Winters aus ihren Netzen zu schütteln. Das Meer atmet bereits mildere Luft ins Innere der Stadt. Oft riecht sie jedoch ein wenig nach Regen.

Den hat das Meer noch nicht aus seinen Gedanken gebracht.

Und in dieser frühen Zeit des neuen Jahres kommt Bewegung in jede Gegend, die außerhalb Venedigs und oft genug gerade noch innerhalb der Welt liegt.

Es dauert nicht lange, dann erreicht dieser weltweite Vorort den Piazzale Roma.

Diesen ruhelosen Umschlagplatz für Menschen.

Und wenig später trifft er den Kern des Ortes. Jeden Platz. Jede noch so versteckte Gasse.

Jedoch tut keiner der Bewohner Venedigs überrascht, denn natürlich haben die Menschen genau das erwartet.

Wie jedes Jahr.

Das ist in ihrem Kalender vermerkt.

Bald gibt es kaum noch Nächte, obwohl wenig Sonnenschein auf den Plätzen angeboten wird, nur Gemüse,

Souvenirs und Fisch. Obendrein werden die dunklen Vorhänge so früh im Jahr spät zur Seite und schon am ausklingenden Nachmittag wieder vors Bild gezogen.

Eigentlich wäre genug Dunkelheit vorhanden.

Daran liegt es nicht.

Aber die Reisenden, welche in der zeitlichen Umgebung von Carnevale den Ort fluten und hier ihre Anker auswerfen, löschen für einige Zeit die Grenze von Tag und Nacht.

Können die Menschen des Ortes trotz allem ihren geübten Alltag weiterleben? Können sie tun, als wäre nichts geschehen?

Es scheint so, denn sie gehen hinunter in die Bäckerei, um Brot zu kaufen.

Sie besteigen den Vaporetto, um hinüber nach San Michele zu fahren.

Sie öffnen das Fenster, um die Zyklamen zu gießen.

Ich wundere mich über ihre Gelassenheit und vermute, dass sie einfach gelernt haben, Normalität zu finden auch dann, wenn man ihnen ihre Normalität genommen hat. Oder haben sie noch ein anderes Geheimnis?

Nur noch zehn Tage bis Martedì Grasso, bis zum Faschingsdienstag.

Am frühen Nachmittag muss ich hinunter auf die Straße, schließlich steht auch für mich die Zeit nicht still und ich habe eine Verabredung in der Calle Fiori am Ende der Strada Nova. Das Haustor fällt hinter mir ins Schloss und ich habe sofort meine Schritte zu mäßigen, denn die Reisenden haben sich auf den Ort gelegt wie Mosaiksteine.

Da ich es nicht eilig habe, fließe auch ich in ihrer Geschwindigkeit.

Auf die Rialtobrücke zu.

An den Schultern, den Köpfen, den Masken vorbei, werfe ich den einen oder anderen Blick in die Schaufenster. Sonst gehe ich nicht langsam genug, um das zu tun.

Als ich die Brücke hinter mir gelassen habe, münde ich in die Salizzada del Fontego dei Tedeschi. Die Gasse ist schmal und die Fließgeschwindigkeit nimmt weiter ab. Vor mir erkenne ich meine Nachbarin, eine alte Frau. Da ich mir nichts davon verspreche, sie zu überholen, gehe ich hinter ihr her. An der Bar Tiziano vorbei, übers Wasser und dann hinein in die Strada Nova. Nun gebe es Platz, an der Frau und vielen anderen vorbeizukommen. Und ich setze auch wirklich zum Überholen an. Doch ein raschelndes Geräusch irritiert mich.

Gleich raschelt es wieder.

Wie Seidenpapier.

Und das Geräusch scheint von der alten Frau auszugehen. Ich entschließe mich also, hinter ihr zu bleiben, obwohl die Frau auch jetzt so langsam geht, dass sie nur unmerklich vorankommt und ich mir wie immer vorgenommen habe, den Zeitpunkt meiner Verabredung pünktlich einzuhalten. Dieser Gedanke löscht sich aber sofort, denn ich bilde mir ein, dass die Konturen der Frau nun im Gegenlicht einem Scherenschnitt ähnlich sehen, und es dauert nur einen kurzen Augenblick, da fährt ein Windhauch vom Canal Grande herüber, greift sich die Frau, hebt sie und trägt sie über die Dächer fort.

Raschelnd. Und leicht.

Als die Frau aus meinem Blickfeld verschwunden ist, denke ich, dass ich dieses Rascheln in den vergangenen Tagen immer wieder gehört, aber nicht zugeordnet habe.

Erst jetzt verstehe ich.

Ich eile die Strada Nova hinauf. Ich komme trotz der vielen Menschen nicht schlecht voran, aber mir ist klar, dass ich es nicht mehr schaffen werde, pünktlich zu sein. So etwas passiert mir so gut wie nie. Und ich mache mir Vorwürfe.

Minuten später erreiche ich die Calle Fiori.

Atemlos biege ich in sie ein. Am Ort meiner Verabredung treffe ich allerdings niemanden mehr an.

Ich drehe um und mache mich auf den Weg zurück. Ich vertiefe die Vorwürfe an mich selbst. Ich erreiche gerade wieder die Strada Nova, als ein erfrischender Luftzug mir in den Mantel fährt und den Hauch eines Papiers an mir vorbeitreibt. Es turnt, überschlägt sich und geht hoch über die Dächer hinauf. Ich sehe ihm nach und für einen Moment glaube ich, ein Winken zu sehen. Und bekannte Gesichtszüge. Doch gleich dreht der Wind mir den Rücken des Papierwesens zu und nimmt es endgültig fort.

Passeggiata 6:
## ZATTERE.
## GONDELWERFT. DIE PFERDE AUS METALL.

Heute muss ich hinaus zum Meer.

Ich muss atmen! Und ich brauche Licht.

Am späten Vormittag gehe ich also zügig durch den Ort und gelange an der Vaporetto-Station San Basilio hinaus an den Canale della Giudecca.

Ich schicke meinen Blick hinüber zur Insel, zu den Frachtkränen, zu den riesigen Pferden aus Metall und den Reitern, welche die Zügel straffen, ihre Beine in die Flanken der Pferde drücken, um die Tiere auch nur annähernd zu kontrollieren, denn diese bäumen sich auf und steigen hoch zur Pesade.

Haben die Vorderbeine an den Leib gezogen.

Halten mit ihren kräftigen Hinterbeinen die Balance.

Die vom Meer ausgeatmete Luft feuert die Pferde an, welche ohnehin nichts anderes wollen, als preschend Geschwindigkeit aufnehmen, um dann mit einem mächtigen Satz in den Wind zu gelangen und herüberzuspringen auf die Fondamenta delle Zattere. An manchen Tagen gelingt ihnen dieses Kunststück auch.

Ich gehe die Fondamenta entlang.

Langsam.

Ich habe Zeit. Und ich genieße es, hier zu gehen, eine leichte Brise, das mit Geheimnissen angefüllte Flüstern des Meeres in meinem Mantel zu fangen und eine Zeitlang mit mir zu tragen.

Auf den Tischen vor den Lokalen stehen Gläser mit Wein, Tassen Caffè, Wasser. Dahinter sitzen Menschen, lehnen sich zurück, halten die Augen geschlossen und ihr Gesicht in die Frühlingssonne.

Bewegungslos.

Als müssten die Sonnenstrahlen sie erst wieder beweglich machen nach den langen Wintermonaten mit kühler, feuchter Luft und wenig Licht.

Bald gehe ich über jene Brücke, welche über den Rio di San Trovaso führt.

Von dort gelange ich ins Hinterzimmer. Das Flüstern des Meeres habe ich nun in den Manteltaschen. Ein Stück wird es mich noch begleiten.

Ich gehe auf der Fondamenta Nani und komme nach wenigen Schritten am Squero di San Trovaso vorbei. Einer von fünf verbliebenen Gondelwerften.

Der berühmtesten, weil sichtbarsten, schließlich passiert man sie, wenn man auf dem Weg zum Cantinone già Schiavi ist, um ein paar Cicchetti zu essen, ein Glas Wein zu trinken, um zu reden oder einfach nur zu sein. An der Theke oder draußen auf der Fondamenta, auf der Brücke.

Der seltsame Name des Lokals hat nichts mit Sklaven zu tun, sondern verweist vielmehr auf einen Namen, den das Lokal einst hatte.

Eben Schiavi.

Die bedeutendste Gondelwerft Venedigs „Tramontin & Figli" liegt ganz in der Nähe. Sie ist ein geheimnisvoller und stiller Ort, an dem die große Tradition und Kunst des Gondelbaus über Jahrhunderte lebendig geblieben ist.

Die Werft liegt am Ponte Sartorio. Ebenfalls im Stadtteil Dorsoduro.

Nicht so leicht zu finden. Das macht ein Geheimnis ja überhaupt aus.

Domenico Tramontin, il maestro d'ascia, der Meister der Axt, baute im späten 19. Jahrhundert die erste asymmetrische Gondel.

Ihre Steuerbordseite, die rechte Seite also, war um fünfundzwanzig Zentimeter kürzer als die Backbordseite. Dadurch wurde die Gondel von einer einzigen Person steuerbar. Davor wurden Gondeln von bis zu vier Gondolieri gefahren.

Ich kenne einige Menschen in Dorsoduro, im Bauch des Fisches, die davon erzählen, dass Domenico Tramontin in einer Nacht, welche für ihn zuerst von großer Liebe und schon wenig später von Trauer und Dunkelheit gehandelt hatte, eine Gondel zu Ende brachte, welche mit besonderen Eigenschaften ausgestattet war.

Man erzählt, dass eine einzige Fahrt in dieser besonderen, in Domenico Tramontins Gondel genügt, um genügend Helligkeit einzuatmen für den Rest seines Lebens.

Man erzählt mir, dass es Menschen gibt, die aus der Gondel steigen und von dem inneren Leuchten erzählen. Und wirklich.

Dieses Leuchten bemerkt man sogar von außen.

Auch am Tag. Aber besonders schön sind diese Menschen nachts anzusehen.

Erzählt man mir.

Diese zauberhafte Gondel gibt es tatsächlich heute noch. Und immer wieder hat irgendjemand das Glück, gerade diese Gondel ahnungslos zu besteigen.

Vom Cantinone, wo ich zwei Cicchetti mit Baccalà mantecato gegessen und dazu ein Glas Friulano getrunken habe, gehe ich noch einmal zurück auf die Fondamenta delle Zattere.

So früh im Jahr bin auch ich geradezu unersättlich, wenn ich Sonne und Wärme bekommen kann. Den weiten Blick übers Wasser.

Vor einem der Lokale wähle ich mir einen Platz. Ich ziehe meinen Mantel aus, setze mich und bestelle mir eine halbe Karaffe roten Hauswein. Der Kellner bringt mir dazu eine kleine Schale mit grünen Oliven.

Die Pferde auf der Giudecca sind unruhig, sie vibrieren. Bäumen sich auf, um dann wieder jene Position einzunehmen, welche signalisiert, sie wären startbereit.

Ich lasse sie nicht aus den Augen, während ich trinke.

Noch scheuen die Pferde.

Und einige Male fürchte ich, die Reiter könnten die Kontrolle über sie verlieren.

Doch als ich mir ein zweites Glas einschenke und einen kleinen Schluck nehme, preschen die Metallpferde von der Giudecca los.

Donnernd trommeln sie ihre schweren Hufe in den Boden, krachen durch schmale Gassen und über manches rücksichtslos hinweg. Und plötzlich kommen sie hinter den Häusern hervor, ihre stählernen Muskeln spannen sich, die Reiter halten die Zügel kurz und straff, die Pferde springen, hinein in die salzhaltige Luft über dem Canale und wirklich, sie werden leicht, sie fliegen.

Passeggiata 7:
## GIARDINI PUBBLICI. PAVILLONS.
## DIE VIA GARIBALDI UND MIT SCHATTEN GEFÜLLTE GLÄSER.

Venedig hat die einzigartige Eigenschaft, bei jedem Wetter ganz besonders zu sein.

Bei heftigem Regen und Acqua Alta. Wenn man in die Stiefel zu steigen hat und den Mantelkragen hochzuziehen, um zum Wasser zu gehen, das über den Rand des Ortes hinausgestiegen ist und Teile von ihm in sich aufgenommen hat für ein paar Stunden.

An manchen Tagen hängt so dichter Nebel über der Stadt, dass der Blick aus sich hinaus nicht funktioniert, und man kann nur nach innen, in sich selbst schauen, um sich zu erforschen.

Dichter Nebel ist also ebenso ideal wie Dunkelheit.

Aber auch die heiße Luft des Sommers, die vom Wind noch angetrieben wird und demnach durch die Gassen tobt, ist in dieser Stadt anders und voller Magie. Sie fährt manchmal so laut zwischen die Häuser und unter die Bäume, dass sie sogar die Schatten, welche sich in der Nähe der Mauern und ganz dicht an den Baumstämmen zum eigenen Schutz zusammenkauern, vertreibt.

Dagegen haben die Menschen des Ortes allerdings vor langer Zeit schon ein Mittel gefunden:

Sie füllen sich die Gläser mit Schatten.

Damit erfrischen sie sich.

Kommen dadurch wieder zu Kräften.

Oder zur Ruhe.

Je nachdem.

In hunderten Lokalen kann man sich diesbezüglich behelfen, wenn die Gassen und Parks angefüllt sind mit erhitzter, rasender Luft und so hellem Licht, das genauso wie die Dunkelheit alles unsichtbar macht.

Man bestellt einfach eine Ombra.

Und trinkt einen Schluck Schatten kühlend in sich hinein.

Ich komme aus der Pescheria Delfino. Am Rio de Sant'Ana.

Ich habe einen Scorfano rosso gekauft. Der Fischhändler hat ihn für mich kochfertig gemacht, so brauche ich mir wegen der sehr giftigen Stacheln keine Sorgen zu machen und kann mich einfach auf das wunderbar zarte Fleisch und die rote Farbe des fertigen Fisches freuen.

Ich wundere mich oft selbst, dass ich den Fisch immer wieder kaufe. Schließlich kann das Gift in der Rücken- und Schwanzflosse sogar für einen Menschen tödlich sein.

Der Fischhändler versichert mir aber jedes Mal aufs Neue, dass der Fisch, sobald er aus dem Wasser ist, keine Gefahr mehr darstellt.

Gekocht schon gar nicht.

Ich vertraue ihm. Ich habe ja keine andere Wahl. Und dass er selbst noch lebt, obwohl er tagtäglich mit dem Fisch zu tun hat, beruhigt mich natürlich.

Als ich die Via Giuseppe Garibaldi hinuntergehe, zerrt die heiße und tobende Luft am Sack aus dünnem Plastik, in welchem ich den Fisch mit mir trage.

Der Fischhändler hat viele Handvoll Eis in den Sack gegeben. Dem Fisch wird die Hitze also nicht schaden. So entschließe ich mich, am Ende der Via Garibaldi noch ein Glas Schatten zu trinken und mich einfach zu freuen.

Ich stehe in der Sonne.

Schließe die Augen.

Und das Kühle rinnt wohltuend in mich hinein.

In den Gärten, zwischen den Palmen, Akazien und Platanen, stehen die Pavillons, welche man nur während der Zeit der Kunst- und Architekturausstellungen betreten kann. In dieser Zeit leeren die vielen Besucher die Räume aus, gehen von einem zum anderen und nehmen Blick für Blick alles mit.

Erst im November sind die Pavillons ausgeräumt, haben die Ideen sich erschöpft. Dann werden die Verantwortlichen die Türen ins Schloss ziehen, versperren und mit raschen Schritten zurück ins Innere der Stadt gehen.

Ins Belebte.

Mit der Gewissheit im Gepäck, dass neue Ideen in die Räume einziehen werden über den Winter.

Die Menschen von Sant'Elena, welche hinter den Gärten leben, erzählen, dass während dieser Zeit Giuseppe Garibaldi manchmal gegen Abend von seinem Sockel steigt, sich die Tauben, die sich dort eingerichtet haben, aus dem Mantel schüttelt und den Viale Giuseppe Garibaldi hinuntergeht, hinein in die Gärten zu den Pavillons.

Aber ich kenne die Menschen, es ist nicht immer wahr, was sie einem erzählen. Von dieser Geschichte sind viele jedoch einfach nicht mehr abzubringen.

Und ich gönne sie ihnen.

Mir selbstverständlich auch.

Das Eis, in welchem mein Fisch liegt, ist in gutem Zustand. Ich nehme mir die Zeit, mein Glas ein weiteres Mal mit Schatten füllen zu lassen und langsam zu trinken.

Neben mir stehen Menschen, die aus einem Land angereist sind, in welchem der Sommer weniger lang dauert als ein kurz hingehauchter Satz. Sagen sie zu mir.

Während wir den Schatten genießen, trinken und reden.

So bemerken wir zuerst gar nicht, dass ein riesiges Schiff das Wasser ohne Rücksicht auseinandergebrochen hat, um eitel zuerst in den Canale della Giudecca und dann in den Canale San Marco einzufahren. An der Riva San Biagio kommt das Ungetüm beinahe zum Stehen. Tausende bevölkern die Decks. Ihre Gesichter sind nicht zu erkennen, die Menschen verbergen sie hinter Fotoapparaten und Smartphones.

Sie fotografieren, fotografieren.

Und vergessen darauf, einfach zu schauen.

Viele blitzen sogar ins grelle Sonnenlicht hinein, weil die Kamera es so will.

Das Gewitter auf dem Schiff kommt lange nicht zur Ruhe. Die Fotografierenden sind wie Diebe an die Via Garibaldi gekommen und stehlen den Augenblick.

Die kühlen, gerade frisch in die Gläser gefüllten Schatten genauso.

Und auch einige der Ideen aus den Pavillons.

Passeggiata 8:
# OSPEDALE CIVILE UND DER BLICK AUF DIE FRIEDHOFSINSEL SAN MICHELE.

Es ist ein herrlicher Frühlingstag, der bereits einiges vom Sommer zu erzählen weiß.

Ich habe schon in den Sonnenaufgang hinein die Fenster geöffnet, damit die anregenden Ideen der salzhaltigen Luft alle Räume fluten können. Hineingehen können in das Duftgewebe aus Caffè und den zwei Träumen, die in der letzten Nacht ineinandergegangen sind.

Im Laufe des Vormittags läutet das Telefon. Ich erfahre, dass man Alessandro gestern ins Krankenhaus gebracht hat.

Ins Ospedale Civile Santi Giovanni e Paolo di Venezia.

Und ich nehme mir vor, ihn schon heute zu besuchen.

Das fällt mir nicht leicht.

Schon allein der Gedanke an ein Krankenhaus beunruhigt mich.

Sein Anblick beschleunigt meinen Puls.

Und in dem Moment, in dem ich ein Krankenhaus betrete, zerspringe ich beinahe.

Dennoch verlasse ich die Wohnung und gehe hinunter auf die Straße.

Ich trage meine schweren Gedanken die Calle Larga di Giacinto Gallina entlang, gehe über den Ponte del Cavallo, welcher die beiden Sestieri Cannaregio und Castello verbindet, bleibe wenige Augenblicke stehen und schaue den Rio und die Fondamenta dei Mendicanti hinunter.

Mein Blick fährt übers Wasser bis zur Friedhofsinsel San Michele.

Ich überlege, mich vor einer Bar an einen der Tische zu setzen.

Um mich zu beruhigen.

Dabei spielt es keine Rolle, womit ich das tue. Wasser und Caffè beruhigen mich genauso wie ein Glas Wein oder ein Tramezzino.

Wie ein paar grüne Oliven.

Vielleicht ist es das Gefühl, Gesellschaft zu haben.

Nicht allein zu sein.

Mit jedem Schluck, mit jedem Biss gehen Langsamkeit und Ruhe in mich hinein.

Auch wenn ich kein einziges Wort mit einem Menschen an einem der Tische oder an der Theke wechsle. Wenn keiner der Menschen mich in diesem Moment bemerkt, weil sie selbst in Gesellschaft sind und sich ausschließlich dieser widmen.

Ich entschließe mich also, mir Kraft und Ruhe zu holen, um überhaupt hineingehen zu können in jenes bedrückende Gebäude am Campo Santi Giovanni e Paolo. Denn natürlich versetzt das Ospedale mit dem Blick auf die Friedhofsinsel San Michele meinen Körper sofort in einen Alarmzustand.

Ich setze mich und bestelle Wasser.

Trinke langsam.

Mit jedem Schluck werde ich ruhiger.

Durch die Scuola Grande di San Marco betrete ich das Ospedale.

Ich frage nach Alessandro.

Und habe weite Gänge und über mehrere Stockwerke zu gehen.

Ich versuche, die Tür zu öffnen, ohne ein Geräusch zu erzeugen.

Alessandro liegt ruhig atmend in einem halbdunklen Zimmer.

In bewegungsloser und abgestandener Luft.

Ich berühre ihn und unsere Blicke treffen sich.

Ich weiß gar nicht, was mit ihm passiert.

Der Tod hat mir eine Ansichtskarte geschrieben, sagt er.

Irgendwelche Wörter gehen aus mir heraus. Ich verliere die Erinnerung an sie allerdings wieder, nachdem sie in meinen Ohren verklungen sind.

Nein, sagt Alessandro, er hat bereits meinen Namen für seinen endgültigen Plan.

Der immer gesunde Alessandro liegt jetzt vor mir und spricht mit der kraftlosen Stimme eines Fremden.

Welches Wetter haben wir, fragt er.

Die Vorhänge sind zugezogen und die Vorhänge vor seinen Augen wohl auch.

Es ist heiß, sage ich.

Sogar ungewöhnlich warm für die Zeit.

Ich bin froh, etwas sagen zu können, das nichts mit Alessandros Zustand, mit diesem Zimmer und diesem Gebäude zu tun hat. Und in den kommenden Tagen?, will Alessandro wissen.

Es wird abkühlen.

Und regnen, sage ich. Heftig und nachhaltig.

Das ist schön, flüstert Alessandro.

Sterben passt viel besser zum Regen.

Laue Luft, welche die Menschen in ihre leichten Jacken holen, ist gut für Spaziergänge zu zweit. Für ein Glas Wein am Wasser. Und großartige Pläne, die noch ein ganzes Leben vor sich haben.

Bei dem, was ich nun vorhabe, reicht ein wenig Regen.

Ich kann aussehen wie einer, der fassungslos an Alessandros Bett steht und der dennoch längst durch die Tür nach draußen gegangen ist.

Die langen Gänge entlang, die wie einsame Straßen sind, die Treppen hinunter, an den Gesprächen, den Tränen und dem Schweigen vorbei.

Hinaus auf den Campo Santi Giovanni e Paolo, der angefüllt ist mit Menschen und Licht.

Mit milder Luft und Stimmen.

Mit Lebensgeschichten.

Ich gehe hinaus zum Meer, die Fondamenta dei Mendicanti, der Bettler, entlang. An der Chiesa San Lazzaro dei Mendicanti vorbei. Lazzaro ist der Schutzpatron der Metzger, der Totengräber. Der Bettler und Aussätzigen.

Und vielleicht kann er außerhalb seines Aufgabenbereichs auch für Alessandro noch etwas tun.

Ich atme die laue Luft und fixiere einen Vaporetto und folge ihm mit meinen Augen so lange, bis die Entfernung das Bild zu verwischen beginnt und es bald endgültig löscht.

Ich muss zurück in die Calle Larga Giacinto Gallina, gehe also noch einmal am Ospedale vorbei.

Schon einige Tage später werde ich wieder am Ponte del Cavallo stehen, im Regen, der seit Tagen Venedig trübt, und sehen, wie man Alessandros Sarg auf ein Boot bringt und mit diesem in die Lagune hinausfährt.

Richtung San Michele.

Passeggiata 9:
## FONDAMENTE: MISERICORDIA. ORMESINI. MEIN BESONDERES TALENT FÜR REGEN.

Viele Menschen, die Venedig besuchen, geben sich damit zufrieden, auf der Piazza San Marco oder an der Rialtobrücke vor Anker zu gehen.

Sie dringen nicht weiter in den Ort vor, folgen ausschließlich dem Auftrag, welchen sie von einem der unzähligen Reiseführer bekommen haben, und bringen sich dadurch um vieles. Denn ganz Venedig ist angefüllt mit Eigentümlichkeiten.

Mit Überraschungen.

Venedig ist während der Wintermonate ganz besonders atemberaubend für einen wie mich, der den Regen liebt.

Der davon einfach nicht genug bekommen kann.

Oft verläuft der Tag wie ein Spiel.

Günstige Wettersituationen schieben sich ineinander, färben den Himmel, füllen die Luft, bewegen sie und auf einmal regnet es.

Ich habe schon mein ganzes Leben lang ein ausgeprägtes Talent für den Regen.

Den Menschen kam ich deshalb bereits als Kind seltsam vor. Man erkundigte sich sogar bei meinen Eltern über mich.

Weil man mich vor allem bei heftigem Regen spielend und fröhlich umhertollend im Freien beobachten konnte.

Natürlich fiel ich ihnen deshalb auf.

Schon damals hatten die wenigsten eine ähnliche Neigung den Regen betreffend wie ich.

Und das Bild, das sich den Menschen bot, war das eines tropfnassen, dennoch hüpfenden und lachenden Kindes.

Das mit sich und dem Regen einfach glücklich war.

Der Regen hat jedoch wenige Fürsprecher.

Ganz im Gegenteil, die Menschen gehen auf den Regen los.

Ich kenne kaum etwas, das weniger beliebt ist als Regen.

Allerdings gibt es Hoffnung: Denn Regen kann man lernen.

Das Gefühl dafür.

Regen ist nicht so leicht zu verstehen und zu lieben wie Sonnenschein. Wie das Ungetrübte. Das Milde.

Sonnenschein ist einfach, aber das physikalische Phänomen des Regens ist wunderbar.

Jedoch verstehen auch heute die meisten Menschen nicht sofort, was ich meine, wenn ich ihnen das sage. Vielmehr ist es so, dass sie mich verwundert anschauen und das Gespräch in eine Bahn bringen, die sie nach draußen führt.

Weg von mir. Also in Sicherheit.

Denn jemand, der den Regen liebt, muss einfach verrückt sein.

Heute regnet es.

Einigermaßen heftig. Und mit bewundernswerter Ausdauer.

Allein das wäre natürlich ein ausreichender Grund für mich, nach draußen zu gehen und einen weiten Spaziergang zu machen, der nichts anderes im Sinn hat, als im nassen Grau der Stadt einfach zu gehen. Aber ich habe zu arbeiten, deshalb brauche ich ein Argument, das auch mich überzeugt, mit dem ich mich aus der Wohnung entlassen kann, um also vom Schreibtisch aufzustehen und in den Regen hinein zu marschieren.

Ich sage zu mir, dass ich ohnehin seit Tagen darüber nachdenke, einen verzierten Türbeschlag für die Anrichte im Wohnzimmer zu kaufen. In einem kleinen Geschäft auf der Fondamenta degli Ormesini, wo ich ihn vor einiger Zeit im Schaufenster gesehen habe.

Ich gehe also los und bald erreiche ich die Fondamenta della Misericordia. Schirm trage ich natürlich keinen bei mir, weil ich niemals einen Schirm verwende. Ich verstehe seinen Sinn einfach nicht.

Die Menschen ziehen mit hochgestelltem Kragen und in Stiefeln den eiligen Takt ihrer Schritte hinter sich her, ihre bunten Schirme halten sie dicht über dem Kopf.

Ich gehe wenige Schritte und entschließe mich, im Vino Vero ein Glas Wein zu trinken, wenn ich schon da bin. Das Lokal ist überfüllt, die Menschen flüchten vor dem Regen.

Ich schicke meinen ausgestreckten Arm zielstrebig in Richtung Theke und das für mich bestimmte Glas füllt sich mit Licht. Mit dem rötlichen Schimmer eines Pinot Grigio.

Ich greife das Glas und hole meine Hand wieder ein, wie den Haken einer Angel.

Ich habe darauf achtzugeben, in dieser schmalen Gasse, in welcher die anderen, die vor mir stehenden Trinkenden, die Mauern sind, niemanden zu stoßen und auch von meinem Wein nichts zu verschütten.

Beides will ich in gleichem Maße verhindern.

Ich habe mein Glas bald ohne Zwischenfälle an Land gezogen.

Dieses Land bin ich.

Bevor ich den ersten Schluck nehme, gehe ich mit dem Glas jedoch wieder vors Lokal.

Ich stelle mich ganz nah ans Wasser.

Und bewundere den Regen.

Während ich trinke.

Ich lasse mir Zeit und erst viel später gehe ich weiter. Es dauert dann nicht lange und ich habe das Geschäft, welches ganz besonders schöne Beschläge, Armaturen und ähnliche Dinge verkauft, erreicht. Allerdings hat es geschlossen.

Ich nehme mir vor, ein anderes Mal wiederzukommen und jetzt bis zum Ende der Fondamenta degli Ormesini zu gehen und dann umzukehren.

Als ich das Dodo Caffè erreiche, geschieht erwartungsgemäß das Unglaubliche. Ich trete aus der Dunkelheit des Regens und hinein in den ständigen Sonnenschein, der für den Bereich der Tische des Caffès gilt.

Vor dem Lokal liegen Berge von Regenschirmen.

Die Menschen haben ihre Regenjacken abgelegt und über die Sessellehnen gehängt, sie sitzen und schauen mit geschlossenen Augen in die Sonne.

Manche haben sich die Gummistiefel von den Füßen gezogen und unter den Tisch geschoben.

Ich finde einen freien Platz und setze mich ebenfalls. Die Schwierigkeiten mit dem Regenschirm habe ich nicht. Meinen Mantel hänge ich wie die anderen über den Rücken des Sessels.

Und genieße jetzt die Sonne.

Die Wärme.

Auch dafür habe ich ein Talent.

Und ich denke, dass es in ganz Venedig und weit darüber hinaus gerade heftig und nachhaltig regnet, während manche Menschen vor dem Dodo Caffè in der Hitze genauso sehnsüchtig wie vergeblich auf Abkühlung warten.

Passeggiata 10:
## PONTE STORTO.
## DIE VERGEBLICHKEIT DES AUGENBLICKS.

In dieser Stadt brauche ich kein Ziel, um die Treppen hinunterzulaufen auf die Straße und einfach zu gehen.

Schon wenige Minuten später finde ich mich unter den Arkaden der Ruga dei Oresi wieder. Hier bin ich wahrscheinlich schon tausende Male gewesen. Und ganz gleich, wie viele Menschen unterwegs sind oder wie eilig ich es habe: Ich bleibe wenige Augenblicke stehen, um zumindest eines der Deckenfresken mit auf den Weg zu nehmen.

Damit biege ich in die Ruga Vecchia San Giovanni, welche der Einfachheit halber auch Ruga Rialto genannt wird.

Viele Geschäfte sind wie zu einer Kette aufgefädelt, manche sind nützlich. Sie verkaufen Backwaren, Würste, Käse, Wein und weitere wohlschmeckende Spezereien.

Oder auch Elektrogeräte. Kleidung. Haushaltsartikel.

Andere Geschäfte bieten Waren an, welche nur die Touristen zu brauchen glauben. Mit ihren prall gefüllten Rucksäcken, Taschen und Koffern drängen sie in die oft winzig kleinen Räume hinein. Lassen sich durch nichts abbringen.

Die Ruga Rialto geht in Richtung Bahnhof und Piazzale Roma. Dementsprechend strömen Menschen auf ihr nach Venedig herein und aus Venedig wieder hinaus.

Tagsüber ununterbrochen.

Ich schließe mich dieser Prozession nun an. Die Fließgeschwindigkeit ist vorgegeben, ich habe nicht die Möglichkeit, meinen eigenen Takt zu gehen. Aber ich trage ohnehin das Deckengemälde mit mir, das hält noch eine Zeitlang.

Am Campo San Aponal ist das Bild verblasst und ich paddle in die Calle del Ponte Storto, gehe nun langsamer und auf dem Ponto Storto bleibe ich überhaupt stehen, lehne mich ans Geländer und atme die vom Wasser erzählende sommerliche Luft.

Ich wundere mich nicht, dass nur wenige Meter von hier entfernt eine endlose Menschenschlange durch den Ort kriecht und dass ich hier ganz alleine stehe, denn diesem Phänomen begegne ich ständig. Ich genieße einfach einige Minuten lang, dass es so ist.

Eine alte Frau macht sich daran, ihren dunkelblauen Einkaufswagen die Stufen hinauf zu ziehen. Er ist gut angefüllt, das kann ich sehen. Ich biete ihr also an, ihr zu helfen. Als ich mit dem Wagen die Stufen der einen Seite genommen habe, warte ich auf die Frau. Die Stufen bereiten ihr Mühe. Sie erreicht mich und bleibt stehen. Um sich auszuruhen, vermute ich.

Vor vielen Jahren habe ich Pierluigi getroffen. Ein einziges Mal.

Sie sieht mich lange an.

Da waren Sie wahrscheinlich noch gar nicht auf der Welt, sagt sie dann.

Ich lasse den Griff ihres Einkaufswagens los und entspanne mich. So erzählt sie weiter.

Ich stand in milder, würziger Morgenluft am Markt bei den Kisten mit den Artischocken, den Zucchini und dem Fenchel.

Plötzlich trafen sich unsere Blicke. Pierluigi stand neben mir und wollte nach derselben Fenchelknolle greifen wie ich.

Damals war vieles anders, sagt die Frau.

Dennoch, als wir in der Geschäftigkeit des Marktes unsere Wörter nach einiger Zeit wiedergefunden hatten, tauschten wir einige von ihnen aus.

Verabredeten uns.

Mir fiel der Ponte Storto als Treffpunkt ein, der nur wenige Schritte von meinem Wohnhaus entfernt lag. Und als Zeitpunkt schlug ich den nächsten Sonntag vor. Nachmittags. Um drei.

Pierluigi willigte ein und verabschiedete sich. Dann waren die Wörter von zwei schüchternen jungen Menschen für den Moment verbraucht. Pierluigi verließ den Markt.

Ich sah ihm nach.

Seiner schmalen Gestalt. Dem dunklen, struppigen Haar.

Die alte Frau blickt aufs Wasser. Am Sonntag kam ich schon um zwei hierher. Um Pierluigi ja nicht zu verpassen.

Und um fünf war ich immer noch hier.

Erst viele Stunden später holte die Dunkelheit mich endlich ab.

Sie schaut mich von der Seite her an. Aber was soll ich sagen? Für manche Dinge finde ich einfach keine Worte.

Pierluigi war nicht gekommen, aber der Gedanke an ihn zog bleibend in mich ein.

So ist niemals Platz für jemand anderen gewesen. Zwischen Pierluigi und mir.

Ich habe Venedig nie verlassen, sagt die alte Frau. Und vom Ort selbst habe ich nur einen kleinen Teil gesehen in den vielen Jahrzehnten meines Lebens.

Vor einigen Jahren traf ich Pierluigi wieder. In der Buchhandlung am Campo San Aponal. Ich erkannte ihn sofort, schließlich hatten wir unser ganzes Leben miteinander verbracht und in meinen Gedanken war er genauso gealtert wie ich selbst. Ich überlegte zuerst, zu gehen bevor er mich sieht und einfach mit der Erinnerung weiterzuleben.

Dann wartete ich doch darauf, bis er mich sieht. Natürlich erkannte er mich nicht. Aber ich gab nicht nach und offensichtlich holte ihn die Erinnerung ein.

Er erzählte, dass er auf dem Ponte Storto gewartet hätte, damals, ganz in der Nähe seiner Wohnung, im Sestiere Cannaregio. Bis zum Einbruch der Nacht.

Als Pierluigi gegangen war, kaufte ich in der Buchhandlung einen schmalen Band über die Brücken Venedigs.

Wussten Sie, dass es den Ponte Storto zehn Mal gibt, fragt mich die Frau.

Ja, sage ich und ziehe ihren Einkaufswagen die Stufen der Brücke hinunter.

Die Sommermonate, der klare Himmel und die milde Luft erfüllen mich noch immer mit Trauer. Sagt sie. Im Winter, wenn der Nebel hereinzieht in die Stadt, mit kalten Tagen und viel Regen, helle ich mich ein wenig auf.

Passeggiata 11:
## CAMPO DI SANTA MARGHERITA.

Venedig hat viele Plätze, auf welchen man sich verabreden kann, und verschiedene Menschen haben diesbezüglich unterschiedliche Vorlieben.

Viele mögen das Wasser und sie treffen sich, wenn sie größere Menschenansammlungen nicht scheuen, auf der Riva degli Schiavoni, von der man einen Blick auf die wunderbare Chiesa San Giorgio Maggiore werfen kann, solange man wartet. Diese hat mit dem Bacino vor der Piazza San Marco einen herrschaftlichen Platz gewählt und ist ein unvergesslicher Anblick.

Den man natürlich niemals für sich alleine hat.

Manche schauen einem sogar über die Schulter und nehmen sich einen kleinen Teil vom Bild.

Am Canal Grande kann man beides finden: Plätze, welche niemals ohne Menschen sind, aber auch viele Stellen, von welchen aus man in aller Ruhe auf das Wasser hinausschauen kann.

Entlegene Wasserläufe finden sich in großer Zahl überall in der Stadt.

Besonders ruhig und ebenso hübsch ist es allerdings in Cannaregio, am Rücken des Fisches, auf der Fondamenta

Sensa oder – noch entlegener – an der Calle Cavallo.

Wieder andere bevorzugen feste, gepflasterte Plätze.

Große Plätze. Wie die Piazza San Marco.

Hier ist allerdings einiges an Ortskenntnis und auch eine gewisse Genauigkeit in Bezug auf die Verabredung vorauszusetzen.

Denn gerade auf der Piazza San Marco kann man sich auch verpassen.

Die Venezianer treffen sich nie auf dem Markusplatz, den haben sie den Reisenden geschenkt.

Sie vermeiden sogar, ihn zu überqueren, wenn er auf ihrem Weg liegt, nehmen lieber die kleinen Gassen und somit die manchmal erheblichen Umwege in Kauf, denn oftmals ist es unmöglich, den Platz und diese leicht wogende, das Meer imitierende Menschenmasse zu überqueren. Einen Vaporetto oder einen Traghetto, der von einer Seite des Markusplatzes auf die andere führt, gibt es ja nicht.

Wenn man kleinere Plätze bevorzugt, wählt man den Campo San Tomà, welcher zentral liegt und gut erreichbar ist. Oder den Campo San Basegio, nur wenige Schritte von den Zattere, welche in Richtung Giudecca schauen, entfernt.

Auch auf dem Campo Santi Giovanni e Paolo kann man sich herrlich verabreden und verfehlt sich nie.

Die kleinen Plätze wie den Campo de le Gate wählen Menschen für eine Verabredung, welche Venedig im Schlaf beherrschen. Und Menschenansammlungen meiden möchten.

Einen Platz gibt es allerdings, welchen man sich unmöglich für eine Verabredung wählen darf.

Den Campo di Santa Margherita.

Der Campo ist ein wunderbarer Platz, daran liegt es nicht.

Hier kann man Venedig lernen und, wenn man Ausdauer hat, auch an höheren Nächten seine Studien betreiben.

Doch der Campo di Santa Margherita hat eine erstaunliche und unerklärliche Eigenschaft: Er ändert ständig seinen Standort.

Ich kann also nicht einfach aus dem Haus gehen und mir vornehmen, auf den Campo di Santa Margherita zu gehen, um vor einer der Bars einen Caffè oder ein Glas Wein zu trinken.

Ich wüsste ja gar nicht, in welche Richtung ich losgehen soll.

Den Campo di Santa Margherita finde ich natürlich trotzdem.

Aber immer zufällig.

Einmal in Castello, gleich hinter der Via Garibaldi. An einer Stelle, an welcher ich niemals auch nur annähernd genug Raum vermutet hätte für den weit ausladenden Platz.

Ein anderes Mal mündet eine der schmalen Gassen hinter dem Campo San Polo überraschend in den langgezogenen Campo di Santa Margherita.

Der Platz sucht sich die Orte sorgfältig aus, an welchen er seine Zeit verbringt.

Mir ist es am liebsten, wenn er sich eine Stelle ganz nahe am Wasser wählt, wenn ich über dem Rand meines Glases die Lagune sehen kann. Entweder hinüber zur Giudecca. Oder in Richtung San Michele. Ins Kühle.

Ich habe den Campo schon fast überall erlebt.

Er ist weder eitel, noch scheut er weite Wege.

Allerdings ist er noch niemals in unmittelbarer Nähe der Piazza San Marco gewesen.

Diese meidet er offensichtlich.

Dieser wandernde, suchende Platz begnügt sich allerdings nicht damit, sich anderen Plätzen anzunähern für kurze Zeit. Manchmal nämlich ersetzt er diese sogar. Und am erstaunlichsten ist, dass er sich selbst auf engstem Raum zu seiner vollen Größe ausbreiten kann. Wie zum Beispiel auf dem winzigen Campiello del Sol.

Viele Menschen und ebenso Bücher behaupten, der Campo di Santa Margherita wäre in Dorsoduro zu finden.

Eingebettet in einen Wasserbogen, welchen der Rio de Santa Margherita und der Rio de Ca' Foscari bilden.

In der Nähe der Universität.

Sie sagen, man würde den Campo entweder über die Calle de la Chiesa oder aus Richtung Rio Terà Canal betreten.

Die Menschen und Bücher, die so etwas behaupten, sind aber Träumer, welche die Realität Venedigs entweder nicht kennen oder sich davor verschließen, weil sie das Unerklärliche überfordert.

Manchmal bleibe ich lange auf dem Campo di Santa Margherita. Wenn ich ihn schon gefunden habe.

Dann beobachte ich die Menschen.

Lese und richte mich ein.

Wenn ich dann den Campo verlasse, oft viele Stunden später, überrascht der Platz mich damit, dass er sich bereits an einer ganz anderen, oft sehr weit entfernten Stelle Venedigs befindet.

Ich hoffe, dass ich mit den Jahren lernen werde, ihn zu verstehen.

In seinen Gedanken zu lesen.

Ich stelle mir vor, dass ich irgendwann ins Morgengrauen hinein die Fenster öffne, um den Geruch der Gasse zu atmen, und ich auf einmal auch einen zusätzlichen Eintrag des Campo di Santa Margherita lesen kann.

Eine vertrauliche Notiz.

Einen Hinweis auf seinen gegenwärtigen Standort.

Nur für mich.

Passeggiata 12:
## GIUDECCA. SPINALONGA. ZUÈCA.

Immer wieder gönne ich mir eine Fahrt mit dem Vaporetto. Manchen Menschen erscheint es, als würde das Boot einen nur von einer Station zur nächsten bringen.

Wie eine Straßenbahn.

Oder ein Autobus.

Für mich wird der Moment, wenn der Bug des Bootes tief ins Wasser sticht und den Geruch des Meeres aufwirbelt, aber niemals aufhören, etwas Besonderes zu sein.

Es ist mild an diesem Tag und obwohl einige Plätze im Bauch des Bootes frei wären, bleibe ich an der offenen Reling stehen, um mir den salzhaltigen Fahrtwind ins Haar zu holen.

Neben mir stehen einige Reisende. Sie sagen, dass sie mehr als ein paar Stunden Zeit haben und sie deshalb die Giudecca besuchen möchten.

Ich wende mich ihnen zu. Und schon sind wir im Gespräch.

Früher nannte man sie Spinalonga, weil ihre Form der einer Fischgräte ähnlich ist, wenn die Möwen sie im Flug betrachten.

Sage ich zu den Fremden.

Die Giudecca gehört zum Sestiere Dorsoduro und sieht aus, als wäre sie von diesem abgetrennt worden und beide Teile könnten wieder zusammengefügt werden. Denn sie imitiert die geschwungene Linie des Fischbauchs, an dem die Zattere entlangführen.

Zwischen der Giudecca und dem auf der Hauptinsel liegenden Teil Dorsoduros verläuft der dreihundert Meter breite Canale della Giudecca.

Betrachtet man die Giudecca aus der Ferne, sieht man ihre ganze Schönheit.

So gut wie alles an ihr ist wunderbar.

Sage ich zu den Fremden.

Und schaue über das Meer.

Die Entfernung der Giudecca zur Hauptinsel ist ideal.

Blickt man von den Zattere im Süden Venedigs hinüber zu ihr, ist sie nah genug, um gut gesehen zu werden, aber auch weit genug entfernt, um sich von ihrer großartigen Ausdehnung beeindrucken zu lassen.

Die Spinalonga ist ungefähr zweitausend Meter lang, aber niemals mehr als dreihundert Meter breit. Die größte der venezianischen Inseln strengt sich besonders an.

Das Panorama, welches sie dem Betrachter bietet, ist grandios, denn fast alle Häuser der Insel drängen sich in die erste Reihe.

Um von Venedig aus, von den Zattere, ja gesehen zu werden.

Die Insel weiß genau, wie hübsch sie ist.

Mit den Pferden aus Metall, die sprungbereit hinter der ersten, unendlich langen Häuserzeile warten.

Dennoch hat die Insel auch die Bescheidenheit einer Person, welche von innen leuchtet, die weder Getue noch bunte Hüte braucht.

Die Fremden sind noch ein Stück näher an mich herangekommen, um im Lärm des Motors und des bewegten Wassers meinen Ausführungen zuzuhören.

Bei klarem Wetter bezaubern die in Moll gehaltenen Farben der Häuser. Sage ich.

Kriecht Nebel in den Canale della Giudecca hinein, oft zäh und langsamer als die von Hand bewegten Gondeln mit singenden Gondolieri und staunenden Fremden, trübt er den Blick auf die Insel.

Hängt ein seidenes Tuch ins Bild.

Dann bleibt nur mehr eine Ahnung, eine Idee. Ein Hauch.

Und es bleiben jene Geschichten, die man mir erzählt über die Giudecca.

Jetzt werden die Fremden neugierig.

Und kommen mir bedenklich nahe.

Aber ich bin nun im Erzählen angekommen und deshalb einfach nicht mehr zu halten.

Der Vaporetto ist bereits in den Canale della Giudecca eingefahren.

Kommt man an die Fondamenta delle Zattere, an den Bauch des Fisches, ist man jedes Mal erstaunt, was einen erwartet.

Selbst wenn man schon tausende Male aus der Calle del Vento oder über die Fondamenta Nani auf die Zattere hinausgetreten ist, legt man den Anblick, der einen empfängt, nicht im Ordner der gewohnten Dinge ab, sage ich zu den Fremden beschwörend und ich sehe an ihren Gesichtern, dass ich sie ohnehin nicht überzeugen muss.

Gegen manches wird man zum Glück niemals immun. Sage ich.

Ich treibe mich jetzt an, denn es wird nicht mehr lange dauern und der Vaporetto nimmt Kurs auf die Giudecca. Und ich spüre, dass ich die Fremden nicht allein mit jenen Informationen, die man in den Reiseführern finden kann, abspeisen muss, denn diese gehen ohnehin an der Wahrheit vorbei. Reiseführer wissen, was man den Lesern zumuten kann. Das Unbegreifliche ist für die Menschen einfach zu viel.

Aber diese Fremden sind jetzt bereit für alles.

Das spüre ich.

Die Bewohner der Giudecca tun so, als wären sie Fischer. Sage ich also.

Das glauben die Menschen der Hauptinsel genauso wie die vielen Touristen.

Aber sie verstellen sich nur.

Es sind Seeleute.

Und die Insel selbst ist ihr Schiff.

Bisher hatte ich meinen Blick aufs Wasser gerichtet und die Fremden standen in meinem Rücken. Nun wende ich mich ihnen allerdings ganz zu.

Die Giudecca ist ein Schiff, das von Zeit zu Zeit die Anker lichtet, um loszufahren. Seit Jahrhunderten segelt die Giudecca um die Welt, um Gedanken und Geschichten zu sammeln.

Wie andere Schiffe mit Gewürzen und Wein, kommt das Schiff Giudecca vollbeladen mit Geheimnissen und Ideen aus aller Welt.

Die Fremden wollen mir glauben, das sehe ich ihnen an.

Vieles brachten die Bewohner der Giudecca von ihren Ausfahrten mit, aus einem norddeutschen Hafen die Stucky-Mühle, die Pferde aus Metall fischten sie in Südamerika, sage ich in die fremden Gesichter hinein.

Noch wenige Meter, dann legt der Vaporetto auf der Giudecca an.

Einen Satz gebe ich den Fremden noch mit, bevor sie aussteigen und davongehen: Nachts, wenn ich mit Freunden auf der Giudecca ein oder zwei Gläser getrunken habe, ermuntern sie mich, die Hoffnung nicht aufzugeben, einmal auf der Insel zu sein, an Bord, wenn die Bewohner der Giudecca „Zuèca" rufen, die Anker lichten und das Schiff ausläuft.

Passeggiata 13:
## DER SCHIEFE TURM VON SANTO STEFANO.

Die Menschen Venedigs wissen so viele Geschichten zu erzählen. Diese muten oftmals verrückt an und man denkt, sie seien nur Phantasiegebilde der Erzählenden.

Würden nur in deren Welt existieren.

Dort ein seltsames Dasein fristen.

Man denkt, die lange Zeit in diesem wunderbaren, aber auch wundersamen Ort hätte ihnen jene Türen ausgehängt, welche die Grenze zwischen Wirklichkeit und Phantasie bewachen.

Das mag zum Teil wirklich stimmen, aber ich habe auch gelernt, nicht nur das Unvernünftige, das scheinbar Unmögliche in Frage zu stellen, wie die meisten Menschen, sondern auch das endliche Reservat des Möglichen, des Vernünftigen.

Der festgeschriebenen Ordnung.

Auf diese Vorgaben sollte man sich am allerwenigsten verlassen.

Man braucht nur kurz in der sogenannten Wirklichkeit zu blättern, um zu ahnen warum.

Oftmals bin ich deshalb bereit, den Menschen in ihre faszinierende Erzählwelt hinein zu folgen und davon auszugehen, dass die Geschichten, die sie mir erzählen, auch wahr sind.

Manchmal lese ich den wahren Teil der Geschichte aus dem Erzählten auch nur heraus, wenn die Geschichte sich merklich verselbstständigt und davongaloppiert und der Erzählende auf dem Gaul sitzt und ihm in einer verrückten Laune die Sporen gibt.

In der dunkelsten Ecke einer Bar.

Nach einigen Gläsern Wein.

Jenseits aller Sperrstunden.

Viele Geschichten haben mit dem wohl wichtigsten Thema, also mit der Liebe, zu tun.

Natürlich, denn wahrscheinlich hat kein Ort der Welt eine größere Anziehungskraft auf Liebende als die Lagunenstadt.

Die milde, salzhaltige Luft, die verwinkelten Gassen und die Langsamkeit des Gehens und Schauens, die Patina von Jahrhunderten, das alles produziert ein wohltuendes und romantisches Bild. Das sich in den Köpfen Liebender sofort an die Arbeit macht. Malt und festschreibt.

Und reisen diese verliebten Menschen nach einiger Zeit wieder ab, verbleibt ein Katalog von Kopfbildern, die von der Einzigartigkeit der Stadt handeln, und es bleiben Erinnerungen eingetragen, welche von der Einzigartigkeit der Liebe der betroffenen Menschen zueinander erzählen.

Mit diesen Bildern gehen sie zurück in ihre Welt. Was immer sie dann damit machen.

Doch Venedig ist auch die Stadt vergangener und zu

Ende gehender Liebe.

Die Stadt, in welcher man jemanden verlässt.

Ein für alle Mal.

Im Schatten des schiefen Turmes von Santo Stefano.

Viele Menschen kommen genau mit diesem Plan hierher: ihrer Liebe ein Ende zu machen.

Während andere mit einem Boot oder einer Gondel den Canal Grande entlangfahren, um ihre Hochzeit zu feiern.

Es soll allerdings auch Paare gegeben haben, welche verliebt aus der Gondel gestiegen sind, eng umschlungen, sich küssend, in die Fotoapparate in den Händen von Freunden und Verwandten lachend und deren Wege sich einen Tag später unter dem schiefen Turm bereits wieder getrennt haben.

Darüber weiß Benedetta viel zu erzählen.

Man trifft sie ausschließlich in der Nähe des Campo Santo Stefano im Sestiere San Marco an.

Bei jedem Wetter.

Hat sie einen von weitem erblickt, wirft sie ihre Angel aus und holt den Fang blitzschnell ein.

Sie lässt einen nicht mehr aus den Augen, hält stur den Blickkontakt zu ihrer Beute und zappelt mit ihren kurzen Beinen zielstrebig über das Pflaster. Die uralte Frau, deren Geschichten immer von zu Ende gegangenen Lieben handeln.

Benedetta macht um ihr Alter ein Geheimnis, wenngleich sie voller Ironie immer wieder betont, sie habe bei hundert Jahren zu zählen aufgehört.

Sobald sie einen erreicht hat, verliert sie keine Zeit, sondern kommt sofort auf den Punkt. Erzählt vom Liebesunglück unter dem schiefen Turm von Santo Stefano.

Niemals kommt ein Wort über das Wetter, die Touristen, die Tauben oder das Weltgeschehen über ihre papierenen Lippen.

Ihre Welt ist das Unglück der Liebe.

Und ich weiß, dass ihre Leidenschaft dafür mit dem Vergehen ihrer eigenen Liebe zu tun hat.

Sie hat mir ausführlich davon erzählt.

Von Valentino, mit dem sie eine Zeitlang verlobt gewesen war.

Sie hat gesagt, dass sie zuerst wie gelähmt war vom Schmerz, dass sie aber bald bemerkte, dass sich daraus ein wohltuendes und belebendes Gefühl entwickelte.

Dass die Ästhetik des Schmerzes und der Trauer das Gefühl funktionierender, alltäglich gewordener Liebe bei weitem übertraf.

Sich in ihr ausbreitete und ihr Inneres erhellte.

Und wärmte.

Seitdem sammelt sie Geschichten über das wunderbare Unglück Liebender.

Und bald hatte sie herausgefunden, dass der Schatten des Turmes von Santo Stefano der bevorzugte Platz für das Liebesunglück ist, während die Glücklichen das Wasser auf dem Canal Grande wählen, die Rialtobrücke oder den überfüllten Markusplatz.

Viele hat sie den Turm hinaufgehen sehen in den Jahrzehnten.

Nachdem sich Wege endgültig getrennt hatten an den kühlen Mauern.

Einer von beiden geht immer in den Ort hinein, der andere verschwindet im Turm.

Und im Laufe dieser langen Zeit neigte sich der ehemals kerzengerade Turm Millimeter um Millimeter, hat mir Benedetta erklärt.

Von den schweren Herzen, mit welchen die betrübten Menschen hinaufsteigen, um einen verhangenen Blick über den Ort zu werfen und den Verlust einer Liebe zu betrauern.

Passeggiata 14:
## SAN MICHELE.

In Venedig gibt es keinen Platz mehr für die Toten.
Nur für die Trauer.
In diesen Novembertagen schickt man seine trüben Gedanken in den Nebel hinein.
In die Gassen.
Übers Wasser.
Aber diese Gedanken gehen ohnehin ins Ungewisse.
Auch bei klarem Wetter.
Bis Anfang des 19. Jahrhunderts wurden die Toten der Stadt auf kleinen Friedhöfen neben den Kirchen bestattet. Allerdings konnte man wegen des vielen Wassers keine sehr tiefen Gräber ausheben. Darüber hinaus wurden die Brunnen in der Umgebung dieser Friedhöfe unbrauchbar.
Man musste also eine andere Möglichkeit finden, um seinen Toten einen würdigen Aufenthaltsort zu schaffen, ohne sich selbst zu gefährden.
Es ist jedoch nicht so, dass man eine Überfülle an Möglichkeiten gehabt hätte.
Ganz im Gegenteil.
Deshalb fuhren schon bald die Fischer mit ihren Booten in einer Nacht, in welcher die feuchte Luft sich vors

Schauen gelegt hatte, hinaus aufs offene Meer und zogen in den Morgenstunden des nächsten Tages die Friedhofsinsel herein in die Lagune.

Sie machten sie so weit draußen fest, dass man sie von der Hauptinsel aus nicht sehen konnte.

Aber man wusste, sie ist da, um die Toten aufzunehmen.

Um der Ort der Erinnerung zu sein.

Mit Gondeln und Booten transportierte man die Särge von nun an übers Wasser.

Lange, dunkle und schweigende Fahrten durchzogen die Lagune.

Umberto, der auf den Fondamente Nove, auch Fondamenta Nuova genannt, lebt, erzählt mir diese Geschichte, über welche man nichts in den Geschichtsbüchern und Reiseführern lesen kann.

Die Menschen haben einen tieferen Blick für die Wahrheit jenes Areals, welches sie bewohnen. In welchem sie gewachsen und mit dem sie also verwurzelt sind.

Ich stehe mit Umberto am Fenster seiner Wohnung und höre ihm aufmerksam zu, während ich über den Rand meiner Tasse hinüber zur Insel schaue. Welche trotz Nebels als Ahnung geblieben ist.

Noch vor fünfzig Jahren lag San Michele viel weiter draußen in der Lagune, das ist unglaublich.

Sagt Umberto.

Aber ich wohne schon mein ganzes Leben in dieser Wohnung, schaue jeden Tag durch dieses Fenster stundenlang aufs Meer hinaus.

Bei jedem Wetter.

Und vor fünfzig Jahren war von San Michele noch nichts zu sehen.

Nur bei Nebel hörte man den Gesang.

Der nichts Tröstliches an sich hatte. Sondern den Menschen Angst machte.

Und sie bekümmerte.

Schließlich glaubten sie in diesem die unglücklichen Seelen der Verstorbenen wiederzuerkennen.

Umberto ist annähernd neunzig.

Es fällt ihm schon seit Jahren nicht mehr leicht, die steile Treppe, über die man seine Wohnung erreicht, zu bewältigen. Deshalb erledige ich gelegentlich ein paar Wege für ihn.

Einige Männer sitzen mit kleinen Angeln unten auf den Fondamente, das kann ich vom Fenster aus sehen, und sie werfen die durchsichtigen, haarfeinen Schnüre, an welchen glänzende Haken hängen, Richtung San Michele.

Diese Männer, die ich genauso lange kenne wie Umberto, welche bei jedem Wetter dort unten am Wasser sitzen, vermitteln vollkommen Uneingeweihten, Touristen oder anderen Fremden also, den Eindruck, als seien sie Fischer. Welche Stunde um Stunde am Wasser sitzen, ohne auch nur einen einzigen Fisch zu fangen.

In größeren Abständen fahren Vaporetti vorbei und bringen die Lagune ein wenig in Unruhe, schneiden Wellen ins Wasser.

Die Fischenden lassen sich davon allerdings nicht beirren.

Umberto betont, dass vieles in seinem Leben und seinem Körper verloren gegangen ist. Sein Sehvermögen sei aber ebenso gut wie das eines Zwanzigjährigen. So kann ich die letzte Zeit meines Lebens weiterhin in der Lagune lesen, wie ich es mein ganzes Leben lang getan habe.

Die Lagune schreibt alles für mich auf.

Mit den Jahrzehnten, die durch mich und die Stadt gegangen sind, um dort ihre Spuren zu hinterlassen, auch Schäden anzurichten, haben die Fischenden San Michele immer weiter an Venedig herangezogen.

Zuerst war die Insel nur ein unscharfes, flirrendes Bild, welches aufgetaucht war, welches man aber auch bei allergrößter Anstrengung nicht erkennen, nicht benennen konnte.

Aber die Fischenden hörten nicht auf, an ihr unmögliches Projekt zu glauben. Und so zogen sie San Michele aus dem unscharfen Bild am Horizont der Lagune heraus und ganz nah an die Mauern der Fondamente heran.

Mit ihren lächerlich kleinen Angeln, sagt Umberto.

Auf den Fondamente Nove, am Rücken des Fisches sitzend.

Aber wie man sieht, haben sie noch immer nicht genug.

Sie hätten längst aufstehen können und abziehen, um sich einen ruhigen Lebensabend zu machen, wie ich an meinem Fenster.

Doch sie werfen ihre durchsichtigen Schnüre aus.

In Richtung der Friedhofsinsel.

Und werden einfach nicht müde.

Umberto sagt, dass nicht wenige der hier wohnenden Menschen der Ansicht sind, die Fischenden könnten San Michele schon bald so nah an die Fondamente herangeholt haben, dass zwischen den Inseln nicht einmal Platz bliebe für die Vaporetti, welche die Sestieri Venedigs miteinander verbinden und auch zu den kleinen Inseln in die Lagune hinausfahren.

Man werde bald kein Boot mehr benötigen, um die Toten auf die Friedhofsinsel zu bringen. Sagen die Menschen.

Wenn San Michele vor Anker gegangen ist an den Fondamente Nove. Dort, wo die Fischenden sitzen.

Mit ihren lächerlich kleinen Angeln und dem unerschütterlichen Glauben an ihr Projekt.

Passeggiata 15:
## CAMPIELLO DEL SOL. DIE ÜBERLEBENDEN.

Der Signalton, der eine Acqua Alta anzeigt, gehört in diesen Wintertagen zum akustischen Stadtbild.
Ich liebe das Wasser.
Und ich erfreue mich an den ruhigen Überschwemmungen.
Rote Stiefel habe ich.
Und eine Jacke, die mich vor dem Wind schützt.
Wind macht mir Angst.
Der ist mächtig und unberechenbar.
Und ich friedfertig und leicht zu durchschauen.
Wir passen also einfach nicht zueinander.
Kommt das Wasser zu Besuch, muss ich sofort aus der Wohnung, um ihm entgegenzugehen.
Mit erstaunlicher Ausdauer.
Doch irgendwann bin ich erschöpft, durchnässt und abgekühlt. Auch meine Sehnsucht nach dem Wasser ist irgendwann gestillt für eine Zeit. Dann suche ich Zuflucht in einer Bar. Oft in einem der winzigen Lokale in San Polo, welches den wunderbaren Rialto-Markt, auf dem die Geschmacks- und Geruchsideen der ganzen Welt zusammenfinden, beherbergt und vom Canal Grande

zärtlich geschützt wird wie von einem Schal.

Erstaunlicherweise gibt es noch immer Bars, die sich in den letzten Winkel, der nur über die schmalsten Gassen zu erreichen ist, drücken und sich so vor den Blicken der Reisenden, die in den Ort kommen, verbergen.

Ich ziehe die Tür wie immer schnell hinter mir ins Schloss.

Das weiche, gedämpfte und warme Licht umarmt mich, hebt mir die Jacke von den Schultern, zieht mir die Haube vom Haar, rückt mir einen Sessel zurecht und holt mir ein Glas Wein.

Wie ein guter Freund.

Einen Tisch weiter sitzen die drei Alten, die immer dort sitzen. Seit ich diese Bar vor ewigen Zeiten zum ersten Mal betreten habe.

Wie immer unterhalten sie sich über eine Vielzahl von Dingen.

Über Antonio Fornoni. Der von 1872 bis 1875 der erste nichtadelige Bürgermeister Venedigs gewesen ist, und über die Anfänge der Wasserversorgung.

Über Garibaldis zweiten Besuch Venedigs, im Februar 1876.

Über den ersten dampfbetriebenen Vaporetto, der den Canal Grande am 24. April 1881 befuhr. Und den bald folgenden Streik der Gondolieri. Die nicht zu Unrecht um ihre Einnahmen fürchten mussten.

Mein Glas ist inzwischen leer.

Mein guter Freund befüllt es erneut.

Ich lehne mich zurück und hinein ins Gespräch der Alten.

Ich erfahre, dass Venedig 1975 fast 365 000 Einwohner hatte.

Und ich lerne, dass österreichische Flugzeuge am 27. Februar 1918 281 Bomben auf Venedig warfen.

Das Wissen der Alten erstaunt mich.

Obwohl ich ihnen seit so vielen Jahren zuhöre, wissen sie immer Neues für mich.

In dem Moment öffnet sich die Tür und Marcello schleppt sich herein. Seit unserem letzten Treffen vor wenigen Tagen ist er um Jahre gealtert.

Dass er antrinkt gegen sein eigenes Ertrinken, ist nicht sein Problem. Sagt er selbst.

Es geht einfach zu Ende, betont er jetzt. Da hilft das Glas, das er sich bestellt, auch nicht mehr.

Er setzt sich zu mir und betrachtet eine Zeitlang sein Glas. Dann trinkt er es leer und deutet auf die Alten.

Die waren schon hier, als ich als junger Mann nach Venedig kam. Saßen immer zusammen an einem Tisch in verschiedenen Bars.

Die Lokale kamen.

Und gingen.

Andere öffneten ihre Türen und die Weinflaschen.

Und diese Alten waren immer da.

Schon damals.

Marcellos Glas hat sich wieder gefüllt. Und abermals betrachtet er es einige Zeit.

Als würde er aus ihm lesen.

Erst dann trinkt er es aus.

Und diese Alten waren schon damals alt.

Saßen den ganzen Tag und hatten nichts als ihre haarsträubenden Geschichten.

Hatten mein ganzes Leben lang sonst nichts zu tun.

Als zu sitzen und vor sich hin zu spinnen.

Marcello erhebt sich schwerfällig, er macht wirklich nicht den Eindruck eines Betrunkenen, sondern eines Menschen, dessen Körper zu Ende geht. Er macht die wenigen Schritte zur Tür, verlässt das Lokal und nimmt die Trübnis seiner Gedanken mit nach draußen.

Natürlich habe auch ich in den Jahren bemerkt, dass die Alten wie Einrichtungsgegenstände zum Lokal gehören und wie diese nicht älter werden, höchstens staubig.

Ihre Mäntel nutzen sich ab.

Die Uhren an ihren Handgelenken.

Die Schuhe.

Aber sie nicht.

Ihre listigen Augen, wenn sie sich für die Flasche Wein bedanken, welche ich ihnen hin und wieder auf den Tisch stelle, sind voll Feuer und Lebensfreude.

Salute. E valute. Sagt einer von ihnen immer und kommt mit einem erhobenen Glas ganz nah an mich heran.

Manchmal bin ich überzeugt, dass die drei Alten einfach Überlebende sind. Nichts anderes.

Ich kenne den Weg, den sie zu gehen haben, wenn die Bar schließt und sie nach draußen entlässt.

Natürlich bin ich ihnen nachgegangen. Jedem Einzelnen von ihnen. Und ich weiß längst, wo sie wohnen. In ganz unterschiedlichen Gegenden. Zuerst gehen sie zusammen allerdings über den Campiello del Sol. Erst dort trennen sich ihre Wege.

Den Campiello del Sol anzusteuern, um zu ihren Wohnungen zu kommen, ist ein unvernünftiger Umweg. Für jeden Einzelnen der alten Männer. Dennoch tun sie es.

Bei jedem Wetter.

Und ganz gleich, wie viel sie getrunken haben.

Seit mir dieser Umstand aufgefallen ist, gehe auch ich über den Campiello del Sol, wenn ich mich auf den Nachhauseweg mache. Auch für mich ist es ein nicht zu kleiner Umweg. Jedoch bin ich nicht ganz ohne Hoffnung, der Campiello würde mich ähnlich erfrischen wie die drei Alten. Wie die drei Überlebenden aus der Bar.

Passeggiata 16:
# STADIO PIERLUIGI PENZO.
## INS GETRÄUMTE. INS ERINNERTE.

Fußball ist ein allgemeingültiges Gefühl.

Er ist jene Leidenschaft, welche die ganze Welt gleichsam zusammenhält und trennt.

Denn man liebt das Spiel an sich.

Das ist das Gemeinsame.

Darüber hinaus aber liebt man vor allem die eigene Mannschaft.

Für die Gegner kann man Respekt empfinden.

Man kann sie tolerieren.

Oder einfach übersehen.

Oft gelingt das aber nur bedingt.

Dann entwickeln sich Abneigungen.

Deren typisches Symptom die Unheilbarkeit ist. Die Gewissheit also, dass dieser Zustand ein Leben lang andauert.

Besonders großen Prüfungen ist die Gefühlswelt von Fußballfans unterworfen, wenn mehrere Vereine innerhalb einer kleinen Region, oftmals sogar derselben Stadt, um Meisterschaften und noch mehr um die Zuneigung der Menschen spielen.

Deren bedingungslose Gefolgschaft.

Die Leidenschaft für Fußball, speziell die Liebe zu einem bestimmen Verein, lernt man im günstigsten Fall sehr früh.

Dann ist sie nachhaltig und unerschütterlich.

Viele gehen nur bei schönem Wetter ins Stadion, wenn die eigene Mannschaft von Erfolg zu Erfolg eilt.

Und alles ganz leicht geht: den Verein zu lieben und ihn zu unterstützen.

Mir ist das Wetter aber egal.

Und auch Niederlagen, selbst wenn sie in Serie das Gemüt der Fans umfärben ins Trübe, ins Düstere, können mich nicht davon abhalten zu tun, was ich tue.

Es ist Sonntag.

Ich bin auf dem Weg zum Stadio Pierluigi Penzo.

Es ist früher Nachmittag.

Das Spiel beginnt um vier.

Ich kann mir also Zeit lassen. Denn wie immer bin ich rechtzeitig unterwegs.

Mein Ritual, um mich aufs Spiel vorzubereiten, ist der Weg, den ich zu gehen habe. Ich gehe immer denselben.

Das bringt mir und der Mannschaft Glück.

Deshalb lasse ich mich nicht beirren und durch nichts abbringen von meinem Vorhaben, den Weg genau einzuhalten.

Ganz gleich, ob er mich hineinführt in eine unerwartete Menschenansammlung oder in eine übermütige Acqua Alta.

Zwei Phänomene, die gar nicht so selten passieren.

Ich nutze eine Vielzahl kleiner Gassen, um erst auf der Riva San Biagio hinauszutreten ans Meer.

Nur eine leichte Brise würzt die Stadt mit salzhaltiger Luft.

Bestes Fußballwetter also.

Wie jedes andere Wetter auch.

Venedig spielt nach mehreren Konkursen in der dritten italienischen Liga, der Lega Pro, und empfängt in seinem Stadion, in dem man früher gegen den AS Roma und Juventus gespielt hat, Vereine wie Reggiana, Sambenedettese und Fano.

Allerdings hat der Kapitän, Trainer Filippo „Pippo" Inzaghi, der 2006 mit Italien Weltmeister geworden war, längst die Segel Richtung Aufstieg in die Serie B aufziehen lassen.

Und bereits heute kann dieser Schritt gelingen.

Denke ich, als ich die Riva dei Sette Martiri entlanggehe und an den Giardini vorbei.

Ich durchquere Sant'Elena und halte mich mit keinen Gedanken, die nichts mit dem Spiel und dem Verein zu tun haben, auf.

Das Stadion wurde 1913 eröffnet und in den 1920er Jahren auf ein Fassungsvermögen von 26 000 Zuschauern ausgebaut.

Am 11. September 1970 wurde es von einem Tornado stark beschädigt und nur zum Teil wieder aufgebaut. Nach mehreren Umbauten fasst es gegenwärtig 7450 Menschen.

Das Spiel verläuft nach meinem Geschmack.

Venedig führt bereits früh, spielt voller Selbstsicherheit gegen einen Gegner, der nichts zu verlieren, aber eben auch nichts zu gewinnen hat. Ich verbringe also entspannte neunzig Minuten.

Als jemand, der mehr als fünfzig Jahre lang voller Leidenschaft auf den Fußballplatz geht, kenne ich das auch anders: Oft vergehen die letzten Minuten eines Spiels sehr langsam, wenn die eigene Mannschaft in Führung liegt.

Umgekehrt verfliegt die Zeit, wenn man unbedingt noch ein Tor braucht, für ein Unentschieden oder einen Sieg.

Die Stunden bis zum Ende eines Spiels sind für den Gegner oft nur mehr ein paar Minuten.

Heute ist mir das egal.

Ich genieße jeden einzelnen Spielzug.

Die Fans sind schon längst nicht mehr auf den Sitzen zu halten, sie jubeln der Mannschaft zu.

Und endlich legt der Schiedsrichter die Pfeife an seine Lippen, holt tief Luft und sofort ertönt der Schlusspfiff.

Dann geht es augenblicklich los.

Der Fisch, der Venedig ist, schnalzt kräftig mit seiner Schwanzflosse, dem Stadio Pierluigi Penzo, und schnellt, springt aus dem Wasser hoch und nutzt die leichte Brise, um Fahrt aufzunehmen, über die Lagune zu jagen und diese an seiner breitesten Öffnung hinter sich zu lassen und hinaus zu fliegen.

Aufs offene Meer.

Ins Geträumte.

Ins Erinnerte.

Ins scheinbar Unendliche.

Unbemerkt von jenen, die in den Gastgärten Venedigs sitzen und in der lauen Luft ein Glas Wein trinken. Von jenen, die in ihrer schattigen Wohnung aus dem Fenster schauen oder in den Fernseher hinein. Die in der Küche stehen, Stangensellerie und Ingwer klein schneiden, Fische ausnehmen.

Und von allen anderen, welchen sich der Zauber des Fußballspiels ihr Leben lang nicht erschlossen hat.

Passeggiata 17:
## DIE ERINNERTEN WESEN
## DER ISOLA DELLA MADONNA DEL MONTE.

Es ist ja nicht so, dass Venedig die Nacht zum Tag macht.

Dass mit Einbruch der Nacht tausende Menschen die Stadt fluten, um auf ihr in den nächsten Sonnenaufgang zu segeln.

Ganz im Gegenteil, viele der Reisenden verlassen Venedig kurz nach Einbruch der Dunkelheit und der Ort wirkt so beruhigend auf die Verbleibenden, dass sie, kaum hat die Nacht Fahrt aufgenommen, ihre Taschen aufheben, ihre Mäntel oder Jacken von den Garderobenhaken nehmen und durch die dunklen Gassen, welche mit jedem Schritt merklich leiser werden, davonziehen.

Um innerhalb der Häuser auf Schlaf zu treffen.

Wie auf einen guten Freund.

Um mit diesem vielleicht noch ein Glas Wein zu trinken.

Und hineinzuschweigen in die Stadt, die eine inzwischen nachtschwarze Decke hinaufgezogen hat bis über ihr vom zunehmenden Alter immer schöneres Gesicht.

Auf dem Weg durch die Gassen trifft man möglicherweise trotzdem auf ein paar Abenteurer, denen man deutlich ansehen kann, dass sie vergessen werden, nach Hause zu gehen, sich ins Bett zu legen, um dort zu schlafen und in jenen Räumen hinter den geschlossenen Augen nach Bildern zu angeln.

Während des Gehens, Atmens, der Vermessung des einschlafenden Ortes, ist es nicht ausgeschlossen, in der Calle Varisco oder dem Ramo Secondo del Curnis auf eine dieser seltsamen Gestalten zu treffen, die kaum wahrzunehmen, kaum zu hören sind, bis sie plötzlich vor einem stehen. Und welche bereitwillig geheimnisvolle Geschichten über Venedig aus ihren Manteltaschen holen wie andere ein Telefon oder ein flüchtiges Winken.

Dann kann es geschehen, dass man nachts von einem dieser Fremden auch die Geschichte der Isola della Madonna del Monte zugeflüstert bekommt.

Vor allem in den nebeligen Nächten des zu Ende gehenden Jahres bevorzugen es jene Boten, welche die Geheimnisse Venedigs verwalten und an die Menschen verteilen, von den Begebenheiten auf dem Areal des ehemaligen Klosters zu erzählen.

In diesem, welches als San Nicolò della Cavana 1303 gegründet worden war, lebten vier Benediktinerinnen. Sie starben jedoch, bevor jemand gefunden werden konnte, der ihren Platz einnehmen würde.

Danach wurden die Räumlichkeiten von Einsiedlern genutzt.

Jahrhunderte fuhren in unterschiedlichen Booten an ihnen vorbei.

Bis der Venezianer Pietro Tabacco anstelle des Klosters, von welchem sich die salzhaltige Feuchtigkeit der Lagune längst einen großen Teil geholt hatte, eine Kirche errichtete.

1713 wurde diese der Madonna del Rosario, des Rosenkranzes, geweiht.

Doch auch an dieser Kirche haben die Lagune und die Zeit Umbauten vorgenommen und eine Ruine von ruhiger Schönheit hergestellt.

Die Insel mit den Überresten des Gebäudes liegt direkt am Canale Scomenzera San Giacomo.

Diesen passiert man, wenn man mit dem Vaporetto auf dem Weg nach Mazzorbo, Burano oder Torcello ist.

Oder eben von dort zurück.

Nimmt man den letzten Vaporetto, um spät in der Nacht nach Venedig zurückzufahren, ist man oftmals zu müde, bekommt man erzählt. Man setzt sich auf einen der ausgekühlten Sessel und schließt die Augen, bevor der Motor hochfährt und das Boot eine Spur hineinschneidet ins Wasser.

Das klingt für den Zuhörenden wie eine Warnung, aufmerksam zu sein.

Den unmöglichen Dingen gegenüber.

Denn nachts kann man sehen, woran man tagsüber ahnungslos vorbeifährt.

Sagt der Fremde.

Dann sieht man das Leuchten der erinnerten Wesen Venedigs.

Der Toten.

Die sich in den Gebäuderesten eingerichtet haben, ins Freie treten und übers Wasser schauen.

Manche werfen so helles Licht auf die Wasseroberfläche, dass die Rückenflossen der Fische es aufnehmen und eine Zeitlang mit sich führen.

Andere wiederum leuchten nur schwach.

Stehen am Wasser oder gehen mit müde gewordenen Schritten.

Flackern noch einige Male.

Und verlöschen.

Dann hat die letzte Erinnerung an sie aufgehört, weiter drüben in den Zimmern Venedigs.

Den Gassen.
Den Plätzen.
Den Köpfen.

Die Menschen, welche diese Geschichten zum ersten Mal hören, staunen ungläubig hinein ins Erzählte.

Ihnen fehlt oftmals die Vorstellung für eine Welt, die so ganz anders funktioniert als die von ihnen ein Leben lang geübte.

Der Fremde ahnt nun, dass es Zeit ist für die ganze, von großer Vergeblichkeit unterlegte Wahrheit.

Genauso ist es mit den Wesen der unerfüllt gebliebenen Lieben, die sich in die Ruine auf der Isola della Madonna del Monte zurückgezogen haben, erzählt er deshalb weiter.

Auch sie strahlen anfangs, sind von heller Hoffnung erfüllt.

Können lange Zeit gar nicht genug leuchten, so sehr sind sie Ziel von sehnsüchtigen Gedanken.

Doch auch sie sind dem unausweichlichen Schicksal versprochen und kleiden sich, wenn ihre Zeit gekommen ist, immer mehr in Dunkelheit, leuchten irgendwann noch ein letztes Mal mit all ihrer verbliebenen, verzweifelten Kraft, doch ganz schwach nur, und verlöschen dann für immer.

Weil es keine Erinnerung mehr gibt.

Und keine Vorstellung, wie es hätte sein können.

Keine von Sehnsucht angetriebene Schlaflosigkeit.

Und kein erinnerbares Bild in beiden Köpfen.

Passeggiata 18:
## PUNTA DELLA DOGANA. DOGANA DA MAR.

Ich bin auf dem Weg durch die Stadt. Kann sie jedoch kaum finden.

In diesen Tagen vor Carnevale verlasse ich die Wohnung deshalb nur, wenn es unumgänglich ist.

Wie jetzt.

Denn ein Menschenstrom fließt gegen einen an, die Wogen sind kaum zu überwinden.

Zusätzlich fährt einem der kantige Wind aus der Lagune ins Haar und mit kühler Hand oft so plötzlich unter den Mantel, dass man erschrickt.

Das Hinterland und die ganze Welt atmen Menschen in Unzahl in Venedigs Inneres.

In seine Gassen.

In sein empfindliches Zentrum.

Sie legen sich über das Eigentliche.

Zeichnen eine neue Stadt. Ein Antlitz, das dem natürlichen Stadtbild Venedigs nicht einmal ähnlich sieht.

So früh im Jahr verliert der Ort also einmal sein Gesicht.

Man setzt ihm eine Maske auf und macht ihn fremd.

Ich muss hinunter in den Süden, nach Dorsoduro, den für viele unauffindbaren Bezirk. Nur jene Reisenden, die mehr wollen als die Piazza San Marco und den Ponte di Rialto, haben ein Gefühl dafür und stöbern ihn auf.

Für die meisten jedoch funktioniert dieser Sestiere, dieses Sechstel der Stadt, wie ein Schiff, das hineinsticht in die Lagune und wieder ablegt, bevor die Menschenmassen es überhaupt zu entern imstande sind. Sie sehen es nur und sehen es gleich wieder verschwinden.

All das dauert weniger als einen erstaunten Atemzug.

Über die Accademia Brücke gehe ich in Richtung der Punta della Dogana.

Dort, an der ehemaligen Zollstation Dogana da Mar, wurden Güter, die man mit Schiffen übers Meer in die Stadt gebracht hatte, verzollt.

Pfeffer. Safran. Salz.

Zwischengelagert. Im Bauch des Fisches.

Um später umgeladen und an ihre Bestimmungsorte weitertransportiert zu werden.

Hinein in die innersten Bezirke also.

In die Hinterzimmer und Kochtöpfe.

Und wiederum Bäuche.

Man liest den Carnevale vollkommen falsch, sagt Giovanni, den ich in einer der Gassen treffe.

Niemand ist fröhlich. Es gibt nur Verzweifelte, sagt er.

In den Nischen ihrer Masken tragen die Menschen vor allem Tränen mit sich.

Der Carnevale ist ein Fest der Gescheiterten.

Sagt Giovanni weiter.

Die wirklichen Narren, die Gutgelaunten, die Überlebenden, meiden es.

Seit ewigen Zeiten.

Ich habe es nicht eilig und mir ist klar, dass Giovanni nun mich als ein Gegenüber braucht, in das er seine Sätze über das Unglück hineinsprechen kann.

Jene Menschen, die Venedig nun bevölkern, für einige berauschte Tage, täuschen etwas vor.

Wenn sie abziehen, schon am nächsten Tag, haben sie nichts als ihre Dunkelheit für den Rest des gerade erst beginnenden Jahres.

Ich weiß natürlich, dass Giovanni nicht von den Masken, nicht von den vielen Menschen, die den Ort Jahr für Jahr um diese Zeit fluten, nicht von Venedig und dem Carnevale spricht.

Sondern von sich.

Und Alessandra.

Jenen beiden Menschen, die niemals etwas anderes gewesen sind als ein Ganzes.

In diesen meinen Gedanken hinein spricht er ihren Namen auch schon aus.

Wir werden niemals mehr ineinander wohnen, hat sie zu ihm gesagt am Beginn dieses Tages und am Ausgang eines Gesprächs.

Danach ist nur mehr das Bild ihres Rückens gewesen und eine leise ins Schloss gezogene Tür.

Giovanni geht weiter, in Richtung der Punta della Dogana.

Ich könnte ihn begleiten, denn ich vermute, dass wir denselben Weg haben. Dennoch halte ich es für sinnvoller, stehen zu bleiben und ihm so lange nachzuschauen, bis er aus meinem Blickfeld ist.

Ich verordne sowohl ihm als auch mir ein wenig Ruhe dadurch.

Ich weiß, dass er in Gedanken vom salzigen Wasser kosten möchte.

Seine Trauer hineindenken in die Weite der Lagune.

Von jener Stelle aus, an welcher man mit dem Schiff aufs Wasser hinausgeschickte Träume verzollt.

Aufs Wasser hinausgeträumte Sehnsüchte.

Erst viel später, wenn er aus den Zimmern meines Denkens abgezogen ist, gehe ich meinen Weg weiter.

Als ich den Bug des Schiffes, das die Punta della Dogana ist, erreiche, treffe ich dort auf den kleinen Paolo. Der angelt vormittags in den Gassen unter dem Fenster der Schule nach Bildern, um sie über die gelernte Wahrheit der Welt zu legen.

Giovanni ist offensichtlich weitergezogen und hat seine Strecke so gewählt, dass wir einander nicht noch einmal begegnen.

Das beruhigt mich.

Ich kann mit dem Unglück anderer viel schwerer umgehen als mit meinem eigenen.

Nachmittags steht der kleine Paolo oftmals hier, hält die Faust erhoben und stellt sein Gesicht in den Wind. Und auch, wenn es windstill ist und lau, sieht er mit seinem zerzausten Haar aus wie der Kapitän eines Schiffes, das in die Lagune hineinsticht.

Mutig ins Unruhige.

Ins Unberechenbare.

Passeggiata 19:
## DIE VAPORETTI.

Vaporetti sind jene lauten Wasserfahrzeuge aus Metall, welche imstande sind, große Mengen von Menschen in ihren Bäuchen aufzunehmen. Und diese über den Canal Grande und den Canale Cannaregio in das Innerste des Ortes, aber auch zu den weiter entfernten und nahe liegenden Inseln innerhalb der Lagune zu bringen. Sie von diesen gegebenenfalls auch wieder abzuholen.

Ich habe viele wunderbar bewegte Fahrten bei Regen und Wind erlebt.

Im geschützten Inneren eines Bootes.

Oder Fahrten auf Deck durch laue Sommernächte und den Canal Grande, an den sich freizügig nach draußen lehnenden, beleuchteten Palazzi langsam schaukelnd vorbei.

Das Staunen der Menschen beim Anblick der erhellten Palazzi ist immer deutlich daran zu hören, dass man nichts hört, weil sie den Atem fassungslos anhalten.

Menschen, die von sich behaupten, alles gesehen zu haben von dieser Welt, nimmt Venedig im Sturm mit einem zauberhaften Zwinkern in die Nacht hinein.

Es ist auffällig, dass nur mit ausführlichen rostigen Zeichnungen, die vom Treiben auf dem Wasser handeln, vom unablässigen Fahren in die salzhaltige Luft hinein, versehene Boote die Stationen ansteuern.

Ein Matrose windet das Hanfseil mit geschickten Handgriffen um den Poller, und dieses ist schon Augenblicke später zum Zerreißen gespannt und geräuschvoll zwingt es das mit einem Dieselmotor betriebene Boot, zum Stillstand zu kommen und sich aufzumachen für die Wartenden, die auf der vom Anlegen des Bootes jetzt stark schwankenden Plattform zu tun haben, das Gleichgewicht nicht zu verlieren.

Früher habe ich mir oftmals die Frage gestellt, warum die Boote offensichtlich ein gewisses Alter erreicht haben müssen, um die Aufgabe des Transports der Menschen durch die seichten Gewässer zu übernehmen.

Inzwischen haben mich die Einheimischen aus den Hinterzimmern der Sestieri aber aufgeklärt darüber, was es mit den Vaporetti auf sich hat.

Der wunderbare Lebensraum Venedig, diese Schule, in welcher man das Staunen lernt, das Vertrauen aufs Unmögliche, beherbergt ein Lebewesen, welches man auf den ersten Blick nicht als solches erkennen kann, habe ich inzwischen viele Male erzählt und erklärt bekommen.

Ich bin kein leichtgläubiger Mensch, aber die Geschichte klingt vernünftiger als das, was man als Wirklichkeit Tag für Tag von der Welt vorgelebt bekommt. Darum gehe ich davon aus, dass sie wahr ist.

Irrtümlich hält man die Vaporetti für Maschinen, sagen die Einheimischen flüsternd.

Im Schutz schmaler, schattiger Gassen legen sie ihre Worte vorsichtig in den Wind, der oft nur ein Hauch ist.

Man hält sie für ein Produkt des Menschen. Heißt es weiter.

Der es baut.

Bedient.

Und letztendlich verschrottet.

Auseinandernimmt und seine Teile wiederverwertet oder entsorgt.

Die Erzählenden treten jetzt einen Schritt zurück, in den Hauseingang. Der leichte Wind zieht an ihnen vorbei.

Von jetzt an sprechen sie nur mehr in den Schatten hinein.

Und in meine neugierigen Ohren.

Die Vaporetti sind keine Maschinen, sagt man mir.

Sie sind Lebewesen.

Die gelernt haben, die Lagune zu lesen.

Ihre Tiefen und Untiefen.

Ihre Strömungseigenheiten.

Sie haben gelernt, das Wasser zu fühlen, lese ich aus dem Schatten, den der Erzählende mit langsam gesprochenen Wörtern anfüllt.

Haben die Vaporetti aber ein gewisses Alter erreicht, werden sie – den Menschen gar nicht unähnlich – eigenwillig.

Starrsinnig.

Oder auch verwirrt.

Sie beginnen jedenfalls, eigene Wege durchs Wasser zu fahren.

Zuerst steuern sie einmal die linke Seite des Canal Grande an, wenn sie an der rechten Station halten sollten, sie funktionieren danach aber monatelang plangemäß.

In dieser Zeit vergisst man ihre Fehlleistung wieder.

Denkt nicht mehr daran und geht davon aus, der Vaporetto hätte sich selbst repariert.

Jedoch werden die Abstände zwischen solchen Ereignissen zunehmend kürzer und irgendwann lassen sie sich dementsprechend von niemandem mehr dazu bringen, den aufgetragenen,

den vorgesehenen, den geübten,

den von ihnen erwarteten Weg auch nur annähernd einzuhalten.

Sie fahren mit den überraschten Fahrgästen in viel zu schmale Wasserläufe hinein.

Kümmern sich nicht mehr um die Stationen.

Auch Richtungen sind ihnen vollkommen egal.

Ebenso die Grenzen der Lagune.

Sie fahren oft stundenlang, ohne anzuhalten. Und obendrein viel zu schnell.

Die zuerst staunenden, später verängstigten Fahrgäste versuchen nach einer Zeit, vom Boot abzuspringen, wenn es während seiner riskanten Fahrt beinahe an eine Fondamenta stößt.

Den wenigsten gelingt eine sichere Landung, sie rutschen ab und landen im Wasser.

Hilfreiche Hände ziehen sie in Sicherheit.

Die außer Kontrolle geratenen Vaporetti bringen mit ihren wilden Fahrten auch die Gondolieri und ihre Gondeln in Unruhe. Natürlich erkennen auch die Touristen, dass sie einem ungeplanten Schauspiel beiwohnen, und sie versuchen, sich in ihren Fotoapparat hinein zu erinnern.

Die Aufgabe, Menschen zu transportieren nach einem strengen Plan, ist nur eine temporäre, eigentlich kurze Spanne im Leben eines Vaporettowesens, erzählt man mir weiter.

Es kommt aus dem Wasser herauf, wenn es alt genug und bereit dafür ist, die venezianischen Wasserwege zu befahren.

Es liest.

Es lernt während dieser Zeit.

Und dann entfernt es sich wieder aus dem Plan seiner Fahrten im Auftrag der Stadt, um hineinzufahren in die Lagune und bald jene Fähigkeit wieder zu erlangen, abzutauchen ins Dunkle.

Diesmal für immer.

Passeggiata 20:
# RIO TERÀ DEI ASSASSINI.
## DIE VERDUNKELTEN MENSCHEN, IHRE SANDINSTRUMENTE UND DIE FAST UNHÖRBARE MUSIK.

Im Sestiere San Marco gibt es nicht nur den grandiosen Prunk der Piazza, die den ganzen Ort überstrahlt und von ihm bekanntermaßen hinaus erzählt in die ganze Welt. Weshalb Menschenmassen schon ganz früh am Morgen den Platz fluten und erst nach Einbruch der Nacht wieder abrinnen in ihre winzigen Hotelzimmer mit Blick auf die beleuchteten Fenster der gegenüberliegenden Wand, in welchen Menschen beim Abendessen sitzen oder nur ungenügend bekleidet vor dem Fernseher. Durchs Bild laufen, weil sie sich unbeobachtet glauben oder weil ihnen die neugierigen, immer offenen Augen der Hotels einfach egal sind.

Viele der Reisenden verlassen abends den Ort in Richtung Piazzale Roma, um von dort hinauszufahren ins preisgünstigere, weil wenig attraktive Mestre oder um überhaupt abzuziehen aus der Stadt.

San Marco hat nicht nur eitle Menschen, welche ihre Hündchen, ihr hübsches, neues Mäntelchen, ihre Schuhe und sich selbst ausführen. Nicht nur die Modetempel, welche ihre bewachten Türen nur für Ausgewählte, für Bevorzugte öffnen.

San Marco hat eine Vielzahl bezaubernder Seitengassen und Hinterzimmer, in welchen es sich wunderbar gehen und in der Situation lesen lässt.

Aber auch eine geheimnisvolle Gasse, in welcher immer wieder, vor allem aber an heißen Sommertagen gegen Mittag das Licht abgedreht ist.

Den Rio Terà dei Assassini, der ursprünglich ein Wasserlauf war, worauf sich das Wort Rio bezieht. Der aber zugeschüttet worden ist, um begehbar zu werden.

Nun liegt er „sotto la terra". Also unter der Erde.

Wie viele reiche Adelige, welche diese dunkle Gasse vor Hunderten von Jahren nach dem Besuch eines der vielen Bordelle zwischen Rialto, San Marco und Opernhaus nutzten, um ungesehen nach Hause zu kommen.

Mit ihrem Reichtum. Und ihrem Geheimnis.

Dieser Umstand hatte sich schnell herumgesprochen beim lichtscheuen Volk. Welches nichts zu tun hatte als geduldig zu warten.

Und zu ernten. Auszurauben oder umzubringen.

Je nach Situation.

Um diesem Umstand beizukommen, erließ der Doge Domenico Michiel 1128 ein Dekret, welches bei Androhung drakonischer Strafen das Tragen von falschen Bärten untersagte.

Damit wollte man den Verbrechern die Möglichkeit nehmen, sich zu anonymisieren. Der erhoffte Erfolg dieser Maßnahme, des ersten Vermummungsverbots in Europa, blieb selbstverständlich aus.

Demnach wurden – um der Dunkelheit beizukommen – bereits Ende 1128 die Straßen im venezianischen Rotlichtviertel mit „Cesendeli", also kleinen Laternen, beleuchtet.

All das konnte die Gefährlichkeit des Pflasters des Rio Terà dei Assassini jedoch nicht annähernd entschärfen.

So wurden während der Jahrhunderte Erlässe nachgelegt, denen zufolge man bei nächtlichen Spaziergängen mit Licht ausgestattet sein musste und Waffen bei sich tragen durfte.

Auch die Beleuchtungsfülle der Stadt wurde verbessert.
Der Erfolg stellte sich allerdings nur langsam ein.

Denn längst hatte sich der Rio Terà dei Assassini auch als jener Ort etabliert, an welchem man Morde in Auftrag geben konnte.

An politischen Gegnern. Lästigen Geschäftsleuten.
Familienmitgliedern.
Und Konkurrenten in Liebesangelegenheiten.

Das Wort Assassine hatte sich vor allem in romanischen Sprachen bald als Bezeichnung für Mörder eingetragen, vor allem für Meuchelmörder.

Die christliche Geschichtsschreibung des Mittelalters bezeichnet die Anhänger der schiitisch-islamischen Glaubensgemeinschaft der Nizariten ausschließlich als Assassine. Das Wort leitet sich von der abfälligen Bezeichnung „Haschischraucher" ab. Wobei in der arabischen Welt dieses Schimpfwort für allgemein Kriminelle, für Außenseiter, für Randalierer, aber auch dafür verwendet wurde, um geistig Unzurechnungsfähige zu benennen.

Den Rio Terà dei Assassini erreicht man über die Calle de la Mandola, welche den Campo Sant'Angelo mit dem Campo San Luca verbindet.

Inzwischen ist die Gefahr aus der Gasse abgezogen. Man muss nicht mehr sein Leben und sein Hab und Gut aufs Spiel setzen, um einige Schritte in die Gasse hineinzugehen. Die Aura des Besonderen einzuatmen.

Oder die hübsche Libreria Bertoni zu besuchen, welche jenen Punkt markiert, an welchem die Calle de la Mandola und der Rio Terà dei Assassini ineinanderfließen.

Geblieben ist der Gasse jedenfalls die geheimnisvolle Dunkelheit. Für die es keine vernünftige Erklärung gibt.

Welche sich vor allem dann zwischen den Häuserreihen ablegt, wenn helle Hitze in den Ort fährt.

Dann lohnt es sich, sich vorzuwagen in den dämmrigen Bereich Venedigs.

Und geht man geduldig und erwartungsvoll hinein in Richtung Ende der Gasse, wird es mit jedem vorsichtig gesetzten Schritt trüber, und bald ahnt man die Anwesenheit der verdunkelten Menschen, die sich dort aufhalten.

Die dort am Boden hocken mit ihren Sandinstrumenten, die der hohe, von der Reisegeschwindigkeit erhitzte Wind aus dem Orient wohl vor allem als Auftrag abgelegt hat in der versteckten Gasse.

Und hält man für wenige Augenblicke den Atem an, schenken sie einem ihre fast unhörbare Musik.

## EPIFANIA DEL SIGNORE
## UND DIE SÜSSEN KOHLESTÜCKE DER
## ELTERLICHEN RACHE.

Ich ziehe meine Stiefel an und gehe hinunter auf die Straße. Denn es schneit seit Stunden.

Zuerst habe ich das Schauspiel nur vom Fenster aus beobachtet. Jetzt bin ich aber nicht mehr zu halten.

In Venedig fällt zwar regelmäßig Schnee, er ist aber auch gegen Ende des Jahres nicht allgegenwärtig.

Ich funktioniere sehr einfach, daher mag ich den Schnee. Ganz egal, ob ich zu Fuß im Ort unterwegs bin oder im Hinterland mit dem Auto unwegsame, schlecht geräumte Straßen zu fahren habe. Vielleicht sogar nachts.

Ich liebe das Gefühl von Schnee.

Das ist wahrscheinlich unvernünftig. Aber Vernunft hilft mir sowieso nicht. Und Vernunft macht nicht glücklich.

Ganz im Gegenteil. Das habe ich längst gelernt.

Der Winter macht aber ebenfalls nicht alle Menschen dieser Welt gleichermaßen froh.

Die meisten sind fixiert auf Sonnenschein und milde Temperaturen.

Wetter, das einem gewissen Eigensinn zu folgen scheint, das Regen, Schneefall und andere meteorologische Kunststücke vorführt, ist ihnen unheimlich.

Also vermutlich auch das Venedig, das dabei ist, das Jahr durch eine Tür ganz hinten zu verlassen.

Denn Venedig hat, was den Winter betrifft, besonders viele Talente. Es hat den Regen, das Hochwasser.

Es hat heftigen Wind und eine leichte, in feuchte Tücher gewickelte Brise, wie ein Geschenk des Meeres.

Es hat das Talent des Schneefalls, der manchmal in die Gassen hineinstürmt und sich ein anderes Mal ganz sanft ins Haar der Gehenden legt.

Auf deren Hüte.

Die hochgestellten Krägen der Mäntel.

Und die ums Gesicht geschwungenen Stoffe.

Es hat Nebel und die Langsamkeit.

Es hat die Wildheit eines Kindes und dessen staunende Erwartung der Feste in zeitlicher Umgebung von Weihnachten und des Beginns des nächsten Jahres.

Wie überall auf der Welt zieht auch in Venedig in diesen Tagen viel Aufgeregtheit durch die Kinderkörper. Wie eine Reisende, die ihre Spuren hinterlässt.

Durch die jüngeren Kinder ziehen Karawanen ganz langsam hindurch. Versetzen sie nachhaltig in Vibration.

Bei den größeren sind es merklich weniger, die durch sie hindurchziehen, um sie zu beeindrucken. Weil den älteren Kindern sich die Welt bereits ein Stück mehr erklärt und deshalb einiger Geheimnisse bereits unwiederbringlich beraubt hat.

In manchen der kleinen Kinder wohnt die Befürchtung, am 6. Jänner könnten sie die Rechnung präsentiert bekommen für all ihre Verfehlungen des vergangenen Jahres. Schließlich haben die Eltern es ihnen, je näher das Fest der Epifania del Signore heranrückt, in Aussicht gestellt.

Die Christbäume stehen in italienischen Wohnungen und Häusern bereits am 8. Dezember. Aber noch wichtiger als der Weihnachtsbaum ist die Krippe, welche darunter steht. Um diese dreht sich das familiäre Weihnachtsfest vor allem.

Der Heilige Abend gehört der Familie und dem Essen, die Menschen erfreuen sich an der Cena della Vigilia di Natale.

Das eigentliche Weihnachtsfest am 25. Dezember bringt den Kindern bereits erste Geschenke.

Meist Kleinigkeiten.

Deshalb konzentriert sich ihr ganzes Hoffen und Bangen auf das Fest der Befana, der guten Hexe.

Sie kommt durch den Schornstein geflogen, um den Kindern weitere Geschenke zu bringen.

Die großen. Die erträumten.

Allerdings hat sie für die wenig folgsamen Kinder Kohlestücke im Gepäck, um sie in deren Strümpfe oder Schuhe zu legen.

Zur Abschreckung fürs nächste Jahr.

Ich gehe in meinen Stiefeln in den Schneefall hinein.

Steche ins Gestöber wie der Kapitän eines kleinen

Kutters, der auf hoher See voller Hoffnung ins Aufgebrachte fährt.

Nur einige Gassen weit, dann drücke ich die Tür, die mich hineinführt in eine der Bars, mit der Schulter auf, weil ich meine Hände in den Manteltaschen mit mir führe.

Sie verstecken sich bei Kälte.

Ich setze mich an jenen Tisch in der Ecke, an welchem ich schon vielfach geübt habe, darum geht alles wie von selbst.

Ich schaue in einen Raum hinein, welcher angefüllt ist mit schwachem Licht und welcher sich um mich legt wie eine oftmals getragene Jacke, welche die Gerüche und die Erinnerung an die Menschen der langen Zeit meines Lebens für mich aufgeschrieben hat und die mir nun davon erzählt.

Unaufgeregt.

Mit jener leisen Stimme, die mich zu beruhigen imstande ist.

Längst sind meine Hände, welche ich in den Manteltaschen mit mir getragen habe, zu mir an den Tisch gekommen und wärmen sich an der heißen Tasse.

Meine Gedanken sind niemals ruhig genug, um wirklich bei mir am Tisch zu bleiben.

Sie sind, im Gegensatz zu meinen Händen, welche Angst vor der Kälte haben, ständig zwischen den Häusern, den Menschen unterwegs.

Im Wasser, in der Hitze, der Dunkelheit.

Sie kennen, sagen sie mir in diesem Moment der körperlichen Ruhe, Venedig und seine Eigenarten.

Sogar im Schlaf, fügen sie hinzu.

Ich sehe, dass der kalte Wind durch die Gasse fegt und die Schneeflocken vor sich her treibt. Und die Menschen hinein in die Bar. Sie streifen die Schneeflocken vom Mantel, schütteln sie aus dem Haar und gehen im nächsten Augenblick an der Theke vor Anker.

Meine Gedanken sagen zu mir: Dem Ort, dem Fisch, ist alles zuzutrauen.

Vor allem das Besondere.

Es wäre nicht das erste Mal, dass der Fisch wendet und hineinfährt in die Lagune.

Unbemerkt von seinen Bewohnern. Den Reisenden.

Um Wind in seine Gassen, seine Plätze zu holen, über die geöffneten Fenster ins Innere der weihnachtlich geschmückten Wohnungen.

Um sich zu erfrischen.

Die zum Leben erwachten Hände nehmen die Tasse und ich trinke einen Schluck.

Meine Gedanken erinnern mich an den kleinen Paolo, den frechen Burschen aus meiner Nachbarschaft.

Er habe ihnen erzählt, sagen mir meine Gedanken, dass er seinen Socken außen am Fenster befestigen wird, rechtzeitig bevor Befana herangeflogen kommt.

Sicherheitshalber!, habe er augenzwinkernd zu ihnen gesagt, verraten mir meine Gedanken.

Warum?, haben sie ihn gefragt.

Um den Socken mit Wind zu füllen.

Mit Leichtigkeit.

Und keinen Platz zu lassen für die Carbone dolce. Die süßen Kohlestücke der elterlichen Rache.

Passeggiata 22:
# PELLESTRINA.
# DIE WELTREISE IN DEN SÜDEN VENEDIGS.

Der besondere, aber auch zerbrechliche Lebensraum der venezianischen Lagune wird zu einem großen Teil vom Litorale del Cavallino und von zwei langgezogenen Inseln hergestellt.

Dem Lido, der auf mondäne Zeiten zurückblicken kann. Und der Insel Pellestrina.

Immer wieder kommen am Lido auch heute noch Erinnerungen an früher aus den stillgelegten Villen und gehen hinunter an den Strand, um den Badenden zu gefallen. Diese machen ihnen die Freude nur zu gerne.

Pellestrina verhält sich anders.

Es hat nichts vom Herrschaftlichen und Eitlen des Lido, nichts vom Reiz verfallener Pracht.

Es ist zurückhaltend. Fast scheu.

Pellestrina versteckt sich hinter sich selbst.

Aus Venedig kommend, bringen einen mehrere Vaporetto-Linien hinüber zum Lido. Vielleicht nimmt man davor die wunderbare Fahrt durch den Canal Grande. Oder den Canale della Giudecca entlang. Beides sind lange Fahrten, während welcher man eine Vielzahl unvergesslicher Bilder ernten kann. Steigt man aber am Schwanz des Fisches ins Boot, bei Arsenale, den Giardini oder auf Sant'Elena, dauert die Fahrt nur wenige Minuten. Man hat noch den Campanile di San Marco im Blick, wenn das Schiff schaukelnd die Anlegestelle erreicht, der Matrose das Tau festzieht, die Absperrung des Bootes einholt und den Weg frei macht.

Das Boot atmet aus, verliert Gewicht und hebt sich kurz, bevor es sofort wieder Atem holt und andere in den Bootskörper hinuntersteigen und das Boot fest ins Wasser drücken, es bereit machen für die nächste Fahrt.

Vor der Vaporetto-Station steige ich in den Bus der Linie 11. Dieser führt einen bis hinunter zum Friedhof von Pellestrina. Dort ist die Fahrt zu Ende. Weiter geht es nicht.

Es ist ein kalter Jännervormittag. Der Bus ist vollkommen leer und der Fahrer scheint zu schlafen.

Ich verlasse mich aber auf die Richtigkeit der Dinge, wenngleich ich weiß, dass es gerade in Italien oftmals sehr eigentümliche Auslegungen von Busplänen und ähnlich festgeschriebenen Abläufen gibt. Dass bald schon weitere Fahrgäste einsteigen, beruhigt mich ein wenig.

Aber ich habe in der Tat lange zu warten, mache mir also wirklich Gedanken, ob ich nach vor zur Fahrerkabine gehen soll, um mir Gewissheit zu verschaffen.

Und gegebenenfalls Hilfe zu holen.

Doch ich habe diesen Gedanken noch nicht zu Ende gedacht, da erwacht der Fahrer aus seiner Starre, er blickt sich einmal um, drückt den Knopf, welcher die Türen des

Busses schließt, und fährt los. Steuert in den Gran Viale Santa Maria Elisabetta hinein, jene prächtige Straße, welche von der Lagunenseite zum Meer, zu den Stränden hinüber führt.

Außerhalb der Saison kann man den Ort sehen. Die hübschen Bauwerke. Später verstellen die Menschen einem den Blick.

Der Bus fährt am Gebäude der Filmfestspiele vorbei.

An Malamocco. Welches in der Mitte der Insel liegt und das der erste und lange Zeit einzige Ort der Insel war. In welchem der Doge residierte, bevor er im 9. Jahrhundert weiterzog ins Innerste Venedigs, welches bis dahin wenig besiedelt gewesen war.

Mit Fortdauer der Fahrt tauschen Häuser sich ein gegen Landschaft und bald erreicht der Bus die Bocca di Malamocco, eine jener Wassertüren, welche von der Lagune ins offene Meer hinaus führen. Und welche Mose sichern soll. Der Modulo Sperimentale Elettromeccanico.

Gegen das Hochwasser. Irgendwann.

Dort fährt der Bus auf eine Fähre und kommt nach nur wenigen Minuten Überfahrt auf der anderen Seite, auf Pellestrina, an.

Die Fahrt von der belebten Hauptinsel über den Lido hinein ins Ruhige, ins Kantige Pellestrinas ist einer Weltreise nicht unähnlich.

Die Insel ist mager. Niemals breiter als einige hundert Meter. Und es ist ein Leichtes, von der Lagunenseite zum Meer hinüber zu schauen, wenn man in einem der Häuser auf dem Balkon steht.

Das zerbrechliche Rückgrat, welches Pellestrina darstellt, wird von großen Marmorblöcken geschützt, die als Wellenbrecher gegen das oft zornige Meer fungieren.

Das bislang beeindruckendste Hochwasser, welches am 4. November 1966 über Venedig und seine Inseln hinweggekrochen war, mit einem Wasserstand von 1,94 Meter über dem Normalwasserstand, hätte das schlanke Pellestrina beinahe mit sich genommen.

Hinuntergezogen ins Dunkle.

Im Norden der Insel befinden sich der Krankenhauskomplex Santa Maria del Mare und der Ort San Pietro in Volta. Im Süden liegt der Ort Pellestrina, in welchem drei Viertel der etwas mehr als viertausend Bewohner der Insel leben.

Dort steige ich aus. Gehe hinein in den winterlichen Ort.

Kalter Wind fährt mir in den Mantel, ich stelle den Kragen auf, um mich zu schützen.

Ich nehme mir vor, eine Runde durch die Gassen zu gehen und die Lagunenseite entlang. Bevor ich mich in eine der Bars setze, um ein wenig in den Menschen zu lesen. Das hat sich bislang bewährt.

Es ist erstaunlich, dass ich keine Pellestrinotti antreffe. Weder bei den festgemachten Booten noch vor den Häusern.

Nicht eines der Geschäfte hat geöffnet. Die Kirche ist ungeheizt und ebenso menschenleer.

Der Wind setzt mir zu. Er verbläst mir die Bilder vor den Augen und ich entschließe mich, sofort eine offene Bar zu suchen.

Das ist nicht leicht, alles ist versperrt. Als ich bereits meine Hoffnung aufgeben möchte und darüber nachdenke, hinauszugehen an die Hauptstraße, um den nächsten Bus zurück zu nehmen, höre ich Stimmen aus einem abgedunkelten Gastraum. Ich drücke sanft gegen die Eingangstür und wirklich, sie lässt sich öffnen. Die Bar ist gut geheizt. Und über die beschlagene Brille hinweg kann ich sehen, dass einige der Tische besetzt sind. An der Theke steht einer in Gummistiefeln. Der mit einem Glas in der Hand geduldig hineinwartet in Richtung Frühjahr.

Ich bestelle mir fürs Erste einen Caffè, denn erfahrungsgemäß wärmt einen dieser augenblicklich.

Genauso passiert es.

Während ich überlege, mir eine Kleinigkeit zu essen zu bestellen und dazu ein Glas Wein, spreche ich den Fremden darauf an, dass ich keinen einzigen Menschen getroffen habe im Ort.

Der salzhaltige, manchmal stürmische Hauch des Winters macht die Menschen des Ortes unsichtbar, erklärt er mir.

Erst wenn man ins Innere eines Hauses, eines Lokals tritt, die warme Luft atmet, nimmt man wieder Konturen an.

Über mein eigenes Erstaunen hinweg bestelle ich mir nun wirklich etwas zu essen. Dazu allerdings eine zweite Tasse Caffè.

Der Fremde erzählt längst weiter.

In seinem Gesicht ist jedoch nicht zu lesen, ob er noch mit mir redet oder schon nur mehr mit sich selbst.

Passeggiata 23:
# ALLES KANN GESCHEHEN, WENN ES NIEMANDEN GIBT, DER DARAN ZWEIFELT.

Das Venedig, das niemals allein gewesen ist mit sich selbst, der Fisch, der Tausende von Menschen, von Reisenden auf seinem Rücken zu tragen hatte über eine unsagbar lange Zeit, erwacht in einen Traum ohne Menschen hinein.

Der Fisch springt hoch und schnappt nach dem winzigen, funkelnden Gedanken.

Und schon verschwindet dieser in ihm, faltet sich auseinander wie ein Schmetterling.

Der Traum eines träumenden Ortes über sich selbst bringt sich langsam in Gang, geht die Fondamenta Ormesini entlang, im Norden der Stadt. Die Sessel haben sich in Position gebracht. Genau ausgerichtet, um ein wenig von der Frühlingssonne zu bekommen, die am Ende des Vormittags langsam hinter dem Häuserblock hervorgeht.

Wie in der Luft ist auch der Staub in den Wasserläufen zu Boden gesunken, die Pflanzen winken im zur Ruhe gekommenen Takt des Wassers.

Das fast still steht.

Nur ein Hauch geht durch den Ort, wie die verklingenden Gespräche der Menschen, die sich zurückgezogen haben für eine gewisse Zeit. Dieser Klang streicht noch ein letztes Mal über das Wasser hinweg.

In Massimos leerem Lokal gehen die vorbereiteten Sardinen daran, sich zu filetieren, in Mehl zu wenden und in frischem Olivenöl nicht zu dunkel auszubacken.

Es riecht herrlich in der menschenleeren Küche.

Die weißen Zwiebeln schneiden sich nun in dünne Scheiben und beginnen damit, sich in nicht zu wenig und auch nicht zu heißem Öl zu dünsten. Bald schon springen ein ordentlicher Schluck Weißwein, ein paar Lorbeerblätter, Rosinen, Pinienkerne sowie Salz, Pfeffer und eine Ahnung von Zucker in die Pfanne.

Sie ziehen den Deckel über sich, denn jetzt brauchen sie Ruhe.

Wenn sie zart sind, entfernen sie den Deckel, denn sie sind nun bereit, von weißem Essig geflutet zu werden, nicht zu stark, und die Hitze kocht diesen ein wenig in den Küchenraum hinaus.

Nun ist die Zeit gekommen: Die Sardinen und die cremige Zwiebelmasse gehen zärtlich ineinander wie Liebende, die viel zu lange einfach auf sich zu warten hatten.

Sie versinken danach in wunderbare Gelassenheit und Müdigkeit, um sich einem langen Schlaf hinzugeben, der angefüllt ist mit Träumen von Geschmack und Geruch.

Alles kann geschehen, wenn es niemanden gibt, der daran zweifelt.

Die Vaporetti, die im Traum des träumenden Ortes die Wasserläufe und die Lagune befahren, erfreuen sich daran, ohne Menschen zu sein. Sind jetzt übermütige Wesen ohne Auftrag.

Wie verspielte Kinder toben sie entfesselt geradeaus und quer.

Sie fahren wie verrückt in der Enge des Canal Grande, unter den Brücken, auf die Stationen zu, um gerade noch rechtzeitig das Ruder herumzureißen und einen Zusammenstoß zu verhindern.

Alle lachen dann.

Und später schneiden sie hinein ins Weite der Lagune, lösen sich aus dem Verband, winken aber einander zu, wenn sie sich auf dem offenen Wasser zufällig begegnen.

Wissen, dass sie später wiederkehren, wenn sie genug Müdigkeit für eine Nacht eingefangen haben in ihren ausgedachten Segeln.

Auf dem Rialto-Markt beginnen einige Verkaufstische, sich zu leeren.

Die Fische, die Meeresfrüchte, die eine Zeitlang zum Verkauf gelegen sind, springen in den Canal Grande. Tauchen schnalzend oder klatschend ins salzige Wasser.

Das Gemüse, das Obst, die Kräuter laden sich auf Karren und schieben sich durch die schmalen Gassen davon.

Um sich morgen, genauso wie die Fische, erneut aufzulegen, zu präsentieren, oder sich, wie die Kräuter es tun, an die Verstrebungen der Verkaufsstände zu hängen.

Und dort mit der leichten Bewegung der Luft zu spielen. Einige Fenchelknollen und Tomaten halten an einer

Bar nur wenige Gassen hinter dem Markt und lassen sich die Gläser bis zum Rand mit weißem Hauswein füllen, der Träumende lehnt sich an die Theke und schaut ihnen zu.

Als er über die Rialtobrücke geht und Augenblicke später hineinstößt in die schmalen Gassen Castellos, ist er bereits in heiterer Stimmung vom Anschauen der Gläser. Die sich einige Male zuerst geleert und dann wieder gefüllt haben.

Bis die Fenchelknollen und die Tomaten verschwunden sind, in einer der Gassen, mitsamt ihrem Karren und dem restlichen Gemüse. Dem Obst.

In der Via Garibaldi hat der Rio de Sant'Ana längst begonnen, sich weiter hineinzugraben in die Straße. Bis zur Chiesa di San Francesco di Paola ist er schon gekommen. Er hat vieles an Handwerkszeug aufgetrieben in dem Ort ohne Menschen. An Maschinen. Riesigen Ungetümen. Er fährt schweres Geschütz auf, jetzt, wo es niemanden gibt, der ihn in seinem visionären Tun hindert.

Mit diesen Werkzeugen folgt er seinem Plan, in der Nähe des Museo Storico Navale di Venezia neben dem Rio de la Tana wieder mit der Lagune zu verschmelzen.

Seinen eigentlichen Zustand wieder herzustellen.

Sich wieder in Bewegung zu bringen.

Endlich und endgültig.

Wie vor der Zeit Napoleons, in welcher der breite Kanal zugeschüttet worden war.

In einem Anfall von Niedersinn, wie der Rio nicht müde wird zu betonen, während seiner Arbeit.

Die Glocken der unzähligen Kirchen schlagen hin und wieder.

Dann aber berauschen sie sich an sich selbst und läuten sich in ein Furioso, wie Venedig es niemals erlebt hat.

Die Glocken machen was sie wollen in zeitloser Zeit.

Der Träumende steht am Wasser, auf welches der Rio de Sant'Ana in seinem Rücken unablässig zugräbt.

Diese Zeit gibt er ihm noch.

Davor gibt es kein Erwachen.

Passeggiata 24:
## DER EIGENSINN DER TÜRME.

Es ist unmöglich, in Venedig einen Turm zu finden, der sich nicht zu der einen oder anderen Seite neigt.

Das ist allerdings keine große Tragödie, denn man weiß, dass schiefe Türme sich bleibend hineinschreiben in die Gedächtnisse der Menschen.

Der Reisenden.

Jener Flanierenden, die aus den mit salzhaltiger Luft angefüllten Gassen hinaustreten ins Staunen.

An geraden Türmen gehen die Menschen aber meist einfach vorbei.

Das weiß man aus eigener Erfahrung in Bezug auf viele Städte und Türme, die man eben kennt.

Außer am Campanile di San Marco. Auch ihm wird, wann immer man auf die Piazza tritt, ein atemlos staunender Blick zuteil.

Als Gruß sozusagen.

Dieser kerzengerade Campanile ist allerdings jung in seinem Vorhaben, sich schräg ins Bild zu stellen.

Schließlich wurde er erst Anfang des 20. Jahrhunderts neu aufgebaut, nachdem sein Vorgänger am 14. Juli 1902 eingestürzt war.

Auf einem einfachen Wachturm aus dem 9. Jahrhundert hatte man einen mächtigen Leuchtturm aufgebaut, und erst im 16. Jahrhundert erhielt der Campanile sein spitzes Dach mit der Glockenstube.

Aber dieses einzigartige Bauwerk begnügte sich nicht damit, in aller Ruhe, gerade und mächtig die Piazza nur starr zu dominieren.

Es hatte vielmehr von Anfang an einen visionären Antrieb. Der Campanile lehnte sich, nachts, wenn er mit sich und der Piazza allein war, weit in alle Richtungen, um sein eingeschränktes Sichtfeld zu erweitern.

Dabei hatte er damals vor allem die Aufgabe, ein Leuchtturm zu sein, der die Kapitäne der Schiffe und Boote darauf hinzuweisen hatte, wo ihre Welt zu Ende ist.

Doch diese Aufgabe erledigte er immer schlechter.

Durch seine Bewegungen nahm er sich oft für lange Zeit ganz aus dem Blickfeld der Kapitäne, und bei schlechtem Wetter verloren diese die Herrschaft über ihre Schiffe und steuerten hilflos direkt hinein in den Sand am Grund des Meeres.

Viele verloren dabei ihr Leben. Waren für immer verschwunden.

Manche jedoch konnten sich ans Ufer retten, verloren nur ihr Schiff.

Und diese erzählten dann den erstaunten Menschen jene unglaubliche Geschichte vom Eigenleben, welches dem Campanile di San Marco innewohnte.

Der Campanile aber, dieses neugierige und eigensinnige Wesen aus Backstein, wollte nicht nur die Lagune überblicken und über das Glockenspiel hinweg schauen. Vielmehr hatte er es sich in seinen späten, seinen finalen Nächten angewöhnt, sich ganz weit nach unten zu beugen, um in jene Gassen hineinschauen zu können, welche hinüberführen in Richtung Accademia-Brücke und Dorsoduro.

Damit mutete er sich allerdings zu viel zu.

Den Menschen blieben die tiefen und langen Risse in den Mauern nicht verborgen.

Doch was sollten sie jetzt noch machen?

Sie konnten nichts tun, als sich in den Gassen Schutz zu suchen und hilflos darauf zu warten, bis der Campanile sein Gleichgewicht verliert und in sich zusammenstürzt.

Jetzt steht er also noch gerade.

Der neue Campanile aus dem Jahr 1912.

Aber man kann ahnen, dass dieser Zustand auch bei ihm nur eine Frage der Zeit sein wird.

Denn Übermut und Unvernunft, jene wohltuenden, glücklich machenden Eigenschaften, werden sich wieder nach ihm ausstrecken.

Und hineingehen in seine Gedankenwelt.

Dann kommt auch er in Bewegung.

Wie sein Vorgänger.

Das Visionäre lässt sich einfach nicht aufhalten.

Ich steige gegen Mittag in einen Vaporetto, um nach Burano hinaus zu fahren. Ich nutze die Gelegenheit, denn es sind nur wenige Menschen unterwegs in diesen Tagen.

Auf der Fahrt über das ruhige Wasser denke ich an die versunkenen Schiffe und Boote am Grund der Lagune. Die Opfer des alten, eigensinnigen Campanile di San Marco.

Innerhalb dieses geheimnisvollen Gefüges, das Venedig, die Inseln und das Wasser bilden, scheint vieles möglich zu sein, wovor die Menschen die Augen verschließen.

Das Unerklärliche ist ihnen unheimlich.

Der Vaporetto nimmt bereits Kurs auf Mazzorbo und Burano. Der Bug findet den Augenkontakt mit den Inseln, um das von gewaltigem Motorenlärm angetriebene Boot und den festen, den befestigten Boden aufeinander abzustimmen.

Vorzubereiten auf den sensiblen Vorgang des Anlegens.

Ich schaue hinüber zum Campanile Storto, jenem Turm, der wie ein Uhrzeiger aus dem Bild der farbenfrohen Häuser emporragt.

Bald verlasse ich den Vaporetto und gehe in den Ort, wechsle auf die Fondamenta Pontinello Sinistra, weil sie mir angenehmer ist. Am Ende der Fondamenta wechsle ich aber über den Ponte degli Assassini die Seite und gehe nach wenigen Schritten auf der Fondamenta Pontinello Destra hinein in die Via Baldassarre Galuppi, die Straße des Komponisten „Il Buranello", um an den Campanile Storto und in seinem Rücken in die geheime Bar von Lorenzo zu gelangen.

Kaum jemandem gelingt es, diese Bar aufzustöbern. Die meisten Menschen, die Reisenden, die wieder weiterziehen, gehen einfach an ihr vorbei, als wäre sie gar nicht da.

Sie hören die Musik nicht. Die Gespräche.

Sie sehen die Schatten nicht, die sich hinter dem dunklen Glas abzeichnen. Als Ahnung einer vertieften Welt.

Diese Bar ist ein mit geheimnisvollen Geschichten angefülltes Lebewesen.

Lehnt man an der Theke, kann man ihre Gedanken lesen, kann man von ihr lernen.

Und ich lerne heute, dass die Menschen auf Burano ein eigenes Zeitsystem haben.

Es funktioniert ganz einfach: Sie lesen die Zeit nämlich am Neigungsgrad des Campanile Storto ab.

Dieser zeigt 12.27.

Seit langer Zeit, denn niemand ist auf Burano so alt, dass er schon um 12.26 auf der Welt gewesen ist.

Wenn der Campanile allerdings 12.30 zeigt, in drei Minuten also, ist die Zeit Buranos abgelaufen. Und keiner weiß, was dann geschieht, lese ich in den Gedanken der geheimen Bar.

Ich nehme den letzten Vaporetto des beinahe abgelaufenen Tages zurück nach Venedig.

Der Campanile hebt sich deutlich vom Nachthimmel ab.

Er zeigt 12.27.

Wie immer.

Das beruhigt mich für den Rest der Fahrt über das ruhige Wasser der Lagune.

Passeggiata 25:
## DER IN DEN WASSERLÄUFEN GESPIEGELTE ORT.

An manchen Tagen nehme ich mir nichts vor.

Wenn ich wie immer die Fenster schon sehr früh öffne und die Luft der Lagune tief in mich hineinatme, weiß ich, welche Aufträge ich für den beginnenden Tag an mich selbst vergebe.

Und manchmal weiß ich, dass es ausreicht, nur jenen Auftrag zu haben, durch die Gassen zu gehen, endlos und langsam. Mir die Fassaden anzuschauen oder im Garten von Sant'Elena zu sitzen und das Meer zu bewundern.

Ich stehle niemandem etwas, wenn ich mir solche Tage einfach nehme.

Sie gehören ja mir.

Natürlich nehme ich mir solche Tage ausschließlich bei idealem Wetter.

Also bei Regen, der die Gassen mit hübschem Glanz überzieht und die gespiegelte Welt in den Wasserläufen in wohltuende Unordnung bringt.

Aber auch bei Wind, der einmal flüsternd über mein Gesicht fährt und mir an einem anderen Tag wild ins Haar greift.

Ebenso ideal und besonders sind die wenigen Schneetage im Jahr.

Aber auch trübe Tage sind ideal. Wenn die Wolkendecke in einer Unzahl grauer Schattierungen über dem Ort liegt und ihn beruhigt.

Sonnenschein ist ebenfalls wunderbar geeignet an solchen Tagen.

Klarer, eiskalter Sonnenschein, mit einem vors Gesicht gezogenen farbigen Tuch ebenso wie milder und heißer Sonnenschein, in welchen ich mit geöffneter Jacke oder auch nur mit einem Shirt hineingehe.

Jedes Wetter ist ideal für jenen Auftrag, den ich habe, wenn ich mir einen Tag einfach nehme. Flaniere, staune und schaue, was passiert.

Oder eben nicht passiert.

Ich vertraue da einfach dem Augenblick, das hat sich bewährt.

Schon bin ich in den Gassen, quere einige Wasserläufe und schaue von den Brücken eine Zeitlang hinunter.

Auf den gespiegelten Ort.

Wie Valentina und ich noch vor einigen Jahren.

Wir haben uns oft gemeinsam über die Brückengeländer hinausgebeugt und die Spiegelungen betrachtet. Gedanken und Leben hineingesponnen in die Häuser dieser Wasserwelt.

Daran denke ich häufig zurück.

Die Lagune ist wie ein unsterbliches Herz, welches das Meer hineinpumpt in die Wasserläufe, die Adern der Stadt, hat Valentina gesagt.

Mehr als hundertsiebzig Wasserstraßen durchziehen den Ort und beleben ihn.

Früher hatte ich keine Vorstellung von der Tiefe der vielen kleinen Wasserläufe.

Doch an einem kalten Jännervormittag vor einigen Jahren ging ich die Strada Nova in Richtung Rialto. Über den Rio di San Marcuola auf den Rio Terà de la Maddalena.

Ein junger Mann kam in mein Blickfeld, ging mir entgegen. Er trug einen dicken, dunkelblauen Mantel und hatte nur Augen für sein Smartphone. War ganz in seinem reduzierten Weltabbild versunken.

Und seine Beine hatte er längst sich selbst überlassen. Diese gingen mit ihm wie ein Spielzeug, das man einschaltet und auf den Boden stellt, sich daran erfreut, wenn es Hindernisse nimmt, dagegen stößt und irgendwann in eine Situation gerät, in welcher es nicht weiter geht.

Die Spielzeugbeine gingen und gingen. Das Kind hatte das Interesse an ihnen verloren und das Zimmer inzwischen verlassen.

Die Beine gingen die Schaufensterzeile entlang. Den Buchladen gab es damals noch und die Gemüse- und Ölhandlung ebenfalls.

Niemand schenkte dem jungen Mann Beachtung.

Bald war er aber am Gemüsegeschäft vorbei. Dort führen zwei Stufen direkt hinein ins Wasser.

Denn die Strada Nova vollzieht an jener Stelle eine Richtungsänderung, die es notwendig machte, die Brücke außerhalb des vermuteten Bogens zu setzen.

Damit rechnen jene einfach vor sich hin gehenden Beine natürlich nicht. Und der zu ihnen gehörende Mensch war gerade außer Haus.

Es gab auch kein Geländer, das ihn aufhalten hätte können, und unter den vielen Menschen auf der Straße war niemand, der die Gefahr erkannte, um rechtzeitig einzugreifen.

Der Mensch und seine Beine fügten sich erst wieder zusammen, als er bereits nach vor kippte und sofort in den auf der Wasseroberfläche gespiegelten Ort eintauchte.

Sein Körper versank für einen Augenblick fast ganz, nur einen Arm hatte er reflexartig hochgerissen und ins Trockene gerettet, um das Wertvollste zu schützen.

Das Telefon mit seinem Weltabbild.

Der Arm mit dem Telefon in der Hand schaute aus dem Wasser wie das Periskop eines Unterseebootes. Der ins Wasser Gestürzte hatte seine Orientierung aber sofort wieder gefunden und festen Boden unter den Beinen, über welche er die Kontrolle wieder übernommen hatte, gewonnen. Jetzt reichte ihm das Wasser gerade bis zum Bauch.

Tiefer sind die kleinen Wasserläufe, die Adern im Körper Venedigs, also nicht, registrierte ich in diesem Moment.

Einige fremde Hände angelten nach dem verzweifelt und ratlos im kalten Wasser Stehenden und holten ihn ein. Er nahm nun den Weg zurück. Natürlich konnte er in diesem Zustand nicht weiter seinem mir unbekannten Ziel entgegengehen, sondern musste zurück an irgendeinen Ausgangspunkt.

Bald danach ist auch Valentina gegangen.

In ihren letzten Wochen konnten wir uns nicht mehr nebeneinander über die Brückengeländer lehnen, um zu schauen und zu denken.

Ganz klein versank sie beinahe in den Decken und Pölstern, den Büchern und Bildern.

Der Musik.

Und mir.

Ich muss natürlich hinüber nach San Michele, sagte sie.

Aber dort bleibt nur mein Körper, der mich jetzt ohnehin verstoßen hat.

Denn San Michele ist viel zu weit weg.

Die Spiegelung von mir zieht in die Wasserläufe, wenn es so weit ist. In eines der Häuser der gespiegelten Stadt, sagte sie.

Und bei Regen wird meine Welt groß, sagte sie weiter.

Dann kann ich wieder ganz hinauf, in die Spiegelungen vor den Häusern. Sogar auf die vielen Plätze.

Kann mich dort unter die Menschen mischen und sie hören, stellte sich die Sterbende vor.

Ich bin jetzt einige Stunden gegangen, war am Rücken und am Bauch des Fisches, in den Gärten, beim Stadion. Jetzt setze ich mich in der Via Garibaldi vor eine Bar, um ein Glas Wein zu trinken. Wie immer betrachte ich, wenn ich das Glas zum Mund führe, die Spiegelung an der Oberfläche des Weines. Vielleicht taucht Valentina einmal hier auf.

Sie hat versprochen, das zu tun.

Ich dürfte sie nur nicht übersehen.

Passeggiata 26:
# DIE BUNTEN SCHUHE VON BURANO.

Burano zieht mich besonders an. Nicht nur wegen seiner bunten Häuser.

Immer wieder steige ich, einem spontanen Gefühl folgend, in den nächsten verfügbaren Vaporetto, um zur Insel hinüberzufahren.

Allein der Vorstellung der langen Fahrt über das Meer fällt es leicht, mich zu überreden. Und meine Welt funktioniert so, dass ich niemals zu viel zu tun habe.

Ich habe immer Zeit für alles. Und das andere mache ich eben ein anderes Mal.

Seit langer Zeit, welche langsam ihrem Ende zugehen könnte, kenne ich Lorenzo. Er war nicht mehr ganz jung, als wir uns in Murano das erste Mal begegnet sind.

Nun, so spät in seinem Leben treffen wir uns zufällig vor der Bar Laguna. Es ist kühl, aber Lorenzo trägt, wie ich ebenfalls, eine dicke Jacke und möchte im Freien sitzen. Auch mir ist es recht. Ich mag es, die würzige, gesalzene Luft zu atmen. Bei jedem Wetter.

Ich bin auch immer darauf vorbereitet, die Überfahrt auf dem Vaporetto im Freien zu genießen. Diesen Plan haben selbst im Winter viele Menschen und deshalb ist es nicht einfach, einen Platz an Deck der Vaporetti zu finden.

Ich habe hier auf dich gewartet, sagt Lorenzo.

Seit einigen Wochen, erklärt er in meinen erstaunten Blick hinein.

Ich weiß natürlich, was der alte Lorenzo meint.

Ich sehe ihm an, dass er sehr müde geworden ist.

Kurzatmig.

Um seine linke Hand zu beruhigen, hält diese den Tisch aus Metall, vor dem er sitzt, fest. Seine rechte streckt er mir entgegen. Ich nehme sie und ziehe mich an ihr ganz nah an ihn heran, um ihn zu umarmen. Mit meiner linken seinen Rücken ein paar Mal sanft zu klopfen. Ich ziehe mir einen Stuhl zurecht und setze mich ebenfalls.

Wir schauen uns eine Zeitlang nur an. Ich sehe, dass sich Lorenzos linke Hand ein wenig beruhigt. Sein Griff lockert sich und es genügt, die Hand auf dem Tisch einfach abzulegen.

Ich freue mich, dich zu sehen, sage ich dann in unser Schweigen hinein. Lorenzo nickt und beginnt zu erzählen. Vieles weiß ich ja. Aber ich bin bereit, ihm einfach seinen Lauf zu lassen. Und es ist, als würde sein Leben an mir und auch an ihm noch einmal vorbeiziehen.

Inzwischen steht ein Glas Tee vor mir. Ich wärme meine Hände und Lorenzo trinkt von der Luft gekühlten Rotwein.

Ich weiß, dass Lorenzo einige Jahre Fischer in der Lagune war. Schon als Kind war er zu seinem Vater ins Boot gestiegen, um die Netze auszuwerfen und wieder einzuholen. Und um die Muschelbänke zu betreuen. Er hatte schon früh gelernt, die unterschiedlichen Farben Blau zu lesen. Und Rückschlüsse zu ziehen, in Bezug auf das Verhalten und den Standort der Fische.

Bald führte er mit seiner klugen Einschätzung der Situation den Vater Tag für Tag erfolgreich über das Wasser der Lagune.

Und Lorenzo war auch bereit, in die Fußstapfen des Vaters zu treten. Zuerst die Fischerei gemeinsam zu betreiben und später den Vater auf die Insel und hinein ins Haus zu entlassen, um die Fischerei allein weiterzuführen. Vielleicht bald eine eigene Tochter oder einen Sohn zu haben und zu sich an Bord zu holen. Ganz der Vorstellung der Menschen entsprechend. Schließlich lief die Fischerei einträglich.

Doch eines Tages, Lorenzo war noch ein sehr junger Mann, stellte sein Vater ihm blaue Schuhe vors Bett.

Einer Tradition Buranos entsprechend. Bunte Schuhe für die weite Welt. Das wusste Lorenzo.

Er nahm sich einige Zeit, den Gedanken zu fassen. Und wirklich, er packte seinen Koffer, fuhr zur Hauptinsel und von dieser mit dem Zug nach Triest.

Dort heuerte er auf einem Frachtschiff an. Einem dunklen Kasten, welcher schon am nächsten Tag hineinstach ins Blau der Adria.

Bald sah Lorenzo zum ersten Mal das ganz andere Blau des Mittelmeeres. Dann das Blau des Atlantiks, er fuhr hinunter in den Süden Afrikas.

Dann hinein in den Indischen Ozean.

Die Eismeere.

Er lernte den zarten Schimmer des Blaufischs und später das Blau des Wittlings.

Das tiefe, wunderbare Blau des Segelflossendoktors.

Und das blaue, wohlschmeckende Fleisch des Lengdorschs.

Das unterschiedliche Himmelblau der ganzen Welt.

Und dann in Lissabon das Blau in Belmiras Augen.

Hier ging Lorenzo von Bord.

Und hinein in ihre und eine gemeinsame Welt.

Lorenzo wollte von diesem Moment an nichts anderes mehr ernten als dieses Augenblau in einem sonnengebräunten Gesicht. Doch schon wenige Jahre später sah er eines Morgens nur mehr die Konturen eines Schiffes, welches grußlos hineinstach ins Dunkle und sich darin verlor.

Mit Belmira an Bord.

Lorenzo wartete lange Zeit.

Doch irgendwann nahm er seinen Koffer, sich selbst und die Erinnerung an Belmiras Augen und stieg in den Zug, um zwei Tage später in Santa Lucia anzukommen und hinüberzufahren nach Burano.

Ich konnte keinesfalls das Fischerboot des Vaters besteigen, sagt Lorenzo. Und schaut mich an.

Sein Glas ist längst leer.

Die linke Hand hält sich jetzt für einige Zeit abermals am Metall des Tisches vor der Bar fest, um sich zu beruhigen. Mein Tee ist inzwischen kalt geworden.

Und meine Hände sind in die Jackentaschen hineingegangen.

Belmiras Augenblau und ich suchten uns eine Arbeit in einer Vetreria in Murano, erzählt Lorenzo weiter.

Unser einzigartiges Augenblau war bald weit über Venedigs Grenzen hinaus bekannt.

Doch ich bemerkte, dass mein Talent für Belmiras Blau nicht unendlich ist. Es wurde schwächer. Konnte es dann eine Zeitlang nur mehr denken, allerdings schaffte ich es nicht mehr, die Farbe ins Glas hinein zu übersetzen. Und dann war Belmiras Augenblau auch in meiner Erinnerung unmöglich geworden.

Ich hatte es vollkommen verloren.

Ich musste Murano verlassen, ich war entkräftet.

Belmira war also ausgezogen aus mir. Sie war endgültig fort, hatte jedoch keinen Platz gelassen für einen anderen Namen und ein anderes Blau.

Ich habe meine blauen Schuhe seitdem in einem Karton unter dem Bett meiner Wohnung in Burano, wohin ich mich zurückgezogen hatte, um zu versuchen, die Erinnerung an Belmiras Augenblau wieder zu finden.

Natürlich von Anfang an ohne Hoffnung.

Lorenzo schaut mich lange an.

Ich werde die Schuhe bald für mich selbst hinausstellen auf die Fondamenta, sagt er in mich hinein. Wie sie mein Vater vor mein Bett gestellt hat, als er spürte, dass ich bereit bin, hinauszufahren in die Welt, um das Blau zu lernen. Und ich spüre inzwischen, dass ich bald bereit sein werde, für immer zu gehen.

Sagt Lorenzo.

Passeggiata 27:
## DER ÜBERGEORDNETE PLAN.

Man weiß um den Zustand der Welt. Gerade die letzten rasanten Jahre haben ein in düsteren Farben gezeichnetes Bühnenbild hineingezogen in die Vorstellung, es würde für alles wie immer eine positive Wendung geben, allein durch das Warten auf das Vergehen der Zeit. So ist es immer gewesen.

Vorhang. Klatschen. Aufstehen. Und gehen.

Hinaus ins Abgesicherte.

Doch inzwischen hat man eine Ahnung dafür gewonnen, dass es wohl unmöglich sein wird, einen gemeinsamen Plan zu entwickeln, welcher der Großartigkeit der geschaffenen Probleme auch nur annähernd beikommen könnte.

Auch für Venedig gibt es seit langem keine gute Prognose. Das hat in sehr hohem Maße mit der immer größeren Leidenschaft zu tun, mit welcher das Adriatische Meer, angetrieben von wild gewordenen Stürmen aus dem Süden, hinein in die Lagune drängt und über die Fondamente weiter in die Stadt greift. Wie ein verrückt Liebender, dessen Hände aus den Manteltaschen hinausfahren und nichts anderes wollen als berühren.

Und umarmen.

Dem blicken die Venezianer allerdings mit eleganter Gelassenheit entgegen.

Wie auch jenen, die sich die Oberfläche Venedigs schon vor langer Zeit endgültig genommen haben.

Denn die Bewohner Venedigs haben seit Ewigkeiten ein Gegenprojekt zur geübten Normalität. Anfangs war es nur in ihren Köpfen, doch inzwischen ist es hinausgekrochen in die Hinterzimmer der Häuser, in die Hallen und andere Lagerstätten. An einige Plätze am Rand des Ortes. Unverdächtiges Material, an dem auch die Reisenden vorbeikommen und völlig ahnungslos bleiben. Einfach weiterziehen, ohne die abgelegten Utensilien zu beachten. Seile erwecken in Orten, die am Meer liegen, in welchen Boote zum Alltag gehören, keine unnötige Aufmerksamkeit. Mag sein, dass die einen oder anderen Fotografien anfertigen von den Gebilden. Weil sie interessante, in die Landschaft hineingelegte Notizen sind. Aber es sind nur Seile. Ein Auftrag ist an ihnen nicht abzulesen.

Die Bewohner Venedigs haben einen übergeordneten Plan. Und an dessen Umsetzung arbeiten sie seit Generationen. Geben ihre phantastische Vision weiter an die Kinder.

Diese wiederum an ihre Kinder. Und so fort.

Sie stellen sich nämlich vor, dass sie wenig Zeit haben werden, wenn die Zeit gekommen ist. Und dann wäre es zu spät, um entsprechende Maßnahmen zu treffen.

Ein gleichermaßen umfangreiches wie auch zerbrechliches Gebilde, wie es das System der Lagune mit Venedig und all seinen Inseln darstellt, an einen anderen Ort zu bewegen, ist ein Denkspiel, das erst langsam in den Köpfen der Venezianer Platz gegriffen hat. Aber irgendwann waren die Menschen bereit, sich das Unmögliche vorzustellen.

Und inzwischen gehen sie davon aus, dass es ohnehin keine Alternative geben wird.

Aber so sehr die Bewohner Venedigs sich diesem übergeordneten Plan widmen, seit langer Zeit, so sehr wird an der Oberfläche weiterhin jenes Venedig gespielt, das für die Einheimischen schon lange nicht mehr existiert.

Man stellt den Besuchern die Tische in die Gassen und auf die kleinen geschützten Plätze. Findet Schatten an heißen Sommertagen und erfrischt die Reisenden mit kühlen Getränken und wunderbaren kleinen Köstlichkeiten.

Man gibt ihnen einen staunenden Blick auf prachtvolle und auch auf zurückhaltende Schönheit.

Und noch lässt man sie vom Bacino di San Marco aus die belebende Luft der Lagune atmen.

Im Untergrund sind die Bewohner des Ortes aber damit beschäftigt, Venedig loszulösen von der Verankerung.

Die Inseln ebenso.

Und auch damit, komplexe und unvorstellbare Seilkonstruktionen anzufertigen. Die Venezianer wissen längst, dass ihr System innerhalb der Lagune nicht für alle Zeit an Holz und Erde festgemacht bleiben muss. Vielmehr ist Venedig leicht wie die Idee, die diesem Ort zugrunde liegt.

Luftig und verrückt.

Und unvorstellbar.

Nachts werden die Seile jetzt häufig in den Gassen ausgerollt und kontrolliert. Viele führen vom Maul des Fisches bis nach Sant'Elena, von dort zurück und abermals an den Schwanz des Fisches.

Viele Male.

So oft es eben notwendig ist.

Das epische Ausmaß der Seile ist grandios und es ist ein Wunder, dass es den Einheimischen überhaupt gelingt, dieses Projekt seit Generationen geheim zu halten. Schließlich haben die Touristen mit der Zeit jegliche Scheu verloren und sie machen, was sie wollen, wie die Vögel, die auf die Tische springen, sobald etwas zu essen vor den Gästen abgestellt wird. Aber das Seilprojekt würde ohnehin keiner von ihnen fassen können.

Im Morgengrauen sind die Seile längst wieder eingeholt und in den Lagern, den Hinterzimmern verschwunden.

In diesen späten Tagen spüren die meisten Bewohner Venedigs aber, dass es nicht mehr allzu lange dauern wird, bis das so gut gehütete Geheimnis endlich hinaustritt, um sich auseinanderzufalten.

Dann werden die Seile nicht mehr eingerollt. Dann wird jener minutiös vorbereitete Plan umgesetzt: Eine Tausendschaft an Booten wird eines Nachts hinausfahren zu den Inseln und diese an den Seilen, welche wie lange Arme von der Hauptinsel hinübergreifen zu ihren Kindern, befestigen. Auch den Lido, das besonders schlanke Pellestrina und die reservierte Giudecca.

Alle Seile sind inzwischen exakt vermessen, um den Abstand zu jeder Insel genau einzuhalten. Denn anders kann der Plan nicht funktionieren.

Und mit der Morgendämmerung kehren die Boote zurück mit der Nachricht, alle Inseln seien gesichert.

Die Fahrt könne beginnen.

Und wirklich: Schon wenige Augenblicke später löst sich die Hauptinsel geräuschvoll und bricht die Verbindung zum Ponte della Libertà.

Setzt sich in Bewegung in Richtung offenes Meer.

Langsam, aber unbeirrbar.

Der Lido und Pellestrina fahren weit auseinander, lösen die Lagune auf, um dem Fisch Venedig Platz zu machen. Dieser ist nun nicht mehr aufzuhalten. Er will nur hinaus, ins Offene.

Bald sind die Seile, die Verbindungen zu den Inseln so gespannt, dass diese sich ebenfalls von ihrem Untergrund lösen und dem Fisch hinaus aufs Meer folgen.

Dieses verrückte Schauspiel bleibt auch am Festland nicht unbemerkt. Menschenmassen fluten den Ponte della Libertà, um einfach ungläubig zu staunen. Und als Venedig und die an den Seilen befestigten Inseln die Lagune hinter sich gelassen haben, kann niemand mehr mit Sicherheit sagen, ob das wunderbare Venedig noch auf den Wellen fährt oder schon längst fliegt.

Mike Markart, geb. 1961 in Graz

Veröffentlichungen (zuletzt):
Magritte, Erzählungen. Keiper, 2012
Der dunkle Bellaviri, Roman. Keiper, 2013
Ich halte mir diesen Brief wie einen Hund,
Roman. Keiper, 2014
Die geheime Osteria, Kochbuch. Keiper, 2016
(mit Tom Markart)
il carso. la bora. Keiper, 2018 (mit Martin G. Wanko)

Div. Preise und Stipendien, u.a.:
Theodor-Körner-Preis
Stipendium der Filmstiftung Nordrhein-Westfalen, Düsseldorf
Würth Literaturpreis
Karlsruher Hörspielpreis
Dramatiker-, Auslands-, Projektstipendien

Die Arbeit an dem Buch wurde gefördert vom
Bundesministerium für Kunst und Kultur,
dem Land Steiermark,
der Stadt Graz und
der Literar Mechana.